Le mariage chez les Moussey/Mossi d'Afrique et sa portée éducative aujourd'hui

Image : Abraham Gansissou
Cérémonie de versement de la dot à Gounou-Gaya

Couverture : Jean Doum-Hani Douksidi, sc
Vert clair : Espérance, Vie et Valeurs

Jean Doum-Hani Douksidi

Le mariage chez les Moussey/Mossi d'Afrique et sa portée éducative aujourd'hui

Copyright © Éditions AB Alke Bulan, 2023

wwwseditionsab scon

Doum-Hani Douksidi Jean est originaire du Tchad et Religieux-Éducateur de la Congrégation des Frères du Sacré-Cœur. Technicien Agricole à la base, il a obtenu une licence en Sciences pédagogiques, religieuses et de la formation au CELAF-INSTITUT/UCAO d'Abidjan, un Master en Sciences de l'Éducation à l'Université de Yaoundé I et un Master en Philosophie de l'Éducation à l'Université Catholique d'Afrique Centrale (UCAC). Il conduit actuellement une Recherche Doctorale à l'Université de Yaoundé I, sur la Planification des Systèmes Éducatifs (PSE) et la Gestion des Systèmes d'Informations (GSI).

À

Ma feue mère Dicenda Elisabeth, fille et femme moussey, pour la sagesse et les connaissances qu'elle m'a transmises.

Tous les Moussey/Mossi d'Afrique et leurs amis.

Tous ceux et celles qui militent pour l'épanouissement des cultures africaines au service d'une éducation axiologique.

Parole de sagesse moussey : *« Ndumba ni somora bay bussa »* (Le mariage est une alliance indissoluble).

Remerciements

À tous ceux et celles qui ont contribué à la réalisation de cet ouvrage :

Papa Douksidi Jean, pour la rigoureuse éducation qu'il m'a donnée et son gène de travail bien fait et sans économie d'énergie qu'il m'a transmis ;

Ab. Gaspard Djounoumbi, Diocèse de Pala, pour la lecture et la Préface ;

Ab. Thérence Barayambara, curé de la Paroisse Saints martyrs de l'Ouganda de Gounou-Gan (Tchad), pour la lecture et les différents services rendus ;

Dr Siméon Essama Owono, Vice-Doyen de la Faculté de philosophie de l'UCAC, pour le parrainage scientifique de cet ouvrage ;

Frères Joseph Koudé K., Fara Pataï, Marc Viché, Grégoire Bérangar, Kaganda Paul, Allah-fi Honoré, Abraham Gansissou et Armand Kemnda Anera, Délégation d'Afrique centrale, pour tous les soutiens ;

Pr Steve Gaston Bobongaud, Doyen de la Faculté de Philosophie, UCAC ;

Pr Kondjo Diddy Brossala, sj., pour le mentorat ;

Pr Michel Kouam, diocèse de Nkongsamba, pour la lecture et le soutien ;

Dr Anata Mawata Augusta, UCAC, pour la lecture et le soutien ;

Abbés Benoît Oulona, Barthélémy Souliya, du diocèse de Pala-Tchad, pour la lecture ;

Filina Mbaïlamou Jacob, pour le soutien et les différents services rendus ;

Marie Omal, epse Jean-Charles Baki, pour le soutien et les conseils ;

Apollinaire Djoblona, Vicariat apostolique de Mongo, pour l'apport ;

Frère Bonaventure Danmo, Franciscain de l'Emmanuel, pour la lecture ;

Père Bonaventure Mboyo, Frères Paul Ignace Sagna, Romain Danem, Benjamin Uriel Owono Etogo, Jean-Jacques Valéa, Landry Ouedraogo, tous Missionnaires du Sacré-Cœur, pour la lecture et les soutiens ;

Dr Claire Mengue, UCAC, pour l'encadrement ;

Jean Marc Vivian Pagbe, pour la lecture ;

Patrick Stéphane Mangbwa Koumbizick, pour les différents services rendus.

Préface

Le Frère Jean Doum-Hani Douksidi s'intéresse bien aux questions culturelles relatives aux origines des Mussey, au processus, à la dynamique du mariage traditionnel ou coutumier et à sa portée éducative aujourd'hui, au-delà des frontières mussey. Cet intérêt se justifie du fait que des recherches sur la culture mussey sont moins abondantes. Des pionniers ont rendu un hommage mérité à la culture mussey et à la mémoire vivante d'un peuple aux visages multiformes. Après le père Jean Louatron, Dassidi Watbonga, Odile Guyot-Sionnest, Nadji Gugumma, Igore de Carine et le père Marco Bertoni, le Frère Jean Doum-Hani Douksidi intègre désormais le cercle des chercheurs et penseurs de la culture mussey et de l'éducation.

À la lecture de son livre au contenu riche, intellectuels, artistes et dignitaires mussey éprouveront curieusement un sentiment de fierté mêlé de culpabilité. Car, les retards et les défis liés aux recherches ethnographiques en pays mussey sont grands. Mais, l'urgence s'impose de s'y aventurer dans le souci de hisser les richesses culturelles et traditionnelles mussey au rang de grandes civilisations. Car, « un peuple sans histoire est un peuple sans âme » (Alain Foka, reprenant Joseph Ki-Zerbo, dans son émission *Archives d'Afrique*). Assurément, la culture, objet référentiel et ciment de l'unité d'un peuple, véhicule des valeurs vitales. On tient la culture des ancêtres, qui, eux aussi, l'ont tenue des leurs. Avoir honte de sa culture, ne pas la valoriser, ne pas en être fier, ne pas l'aimer et ne pas en porter plus haut le flambeau, c'est pécher contre sa propre culture et ses propres origines. Ta culture, c'est ton ombre ! Ta culture, c'est ton patrimoine ! Ta tradition, c'est un cordon ombilical !

Certes le passé ne revient plus mais, il sert de boussole pour mieux orienter l'avenir. Il n'est jamais trop tard pour bien faire. Un adage populaire mussey le souligne clairement : « *Tuwa tuwara ba sii slegenina bay dayra.* » *(C'est à force de reporter toujours à plus tard ce qu'on a à faire que la race de poules a fini par ne pas pousser des dents).* Ces présents jalons susciteront sans doute la curiosité et l'envie chez beaucoup. Ils stimuleront certainement l'engouement des chercheurs natifs vers le retour aux sources. Amis et connaisseurs des richesses culturelles mussey y apporteront une contribution inestimable à la sauvegarde de ces mœurs ancestrales peu connues d'un grand nombre de personnes.

C'est pourquoi, passionné des recherches ethnoculturelles et en éducation, le Frère Doum-Hani Douksidi Jean oblige la mémoire collective mussey à se replonger dans un univers jusque-là faiblement exploré. Après des fouilles, des méthodes analytiques et surtout des enquêtes méthodiques et minutieuses auprès des dépositaires des bibliothèques ancestrales, son rêve est devenu réalité. Le chemin étant frayé, d'autres pourront y marcher sans se heurter contre les hésitations infondées, l'incertitude, l'indécision et la peur de se trouver dans un labyrinthe.

Par ailleurs, la problématique du mariage chez les Mussey, posée par l'auteur de ce livre, a de corolaire avec d'autres réalités qui lui sont afférentes. La question du mariage chez les Banana nous oblige à jeter un regard furtif sur ce peuple de travailleurs, d'excellents agriculteurs, de chasseurs, de guerriers et reconnu pour son hospitalité singulière.

Fort de sa bravoure inégalée, le mussey n'a peur que de Dieu et de Dieu seul. Guerrier intrépide, il doit vaincre ou mourir. D'où cette déclaration fatale face aux situations inéluctables : « *Matna irim ka mba dî* » *(Il n'y a pas deux façons de mourir)*. Justement, le mariage chez les Mussey est avant tout l'affaire des gens courageux parce qu'il draine une chaîne d'engagements et de responsabilités reconnus à un futur époux ou à une future épouse.

En somme, d'après l'auteur, derrière la question du mariage, se cache une réalité transcendantale. Le mariage est pour le peuple mussey (comme pour beaucoup d'autres peuples) le processus qui aboutit normalement à l'union de l'homme et de la femme, à la procréation, au maintien de la lignée ancestrale, à la généalogie, à l'alliance indissoluble et à la responsabilité sous toutes ses formes. Des mythes, des actes de bravoure, des sacrifices et la politesse vis-à-vis de la belle-famille, témoignent de l'importance accordée aux alliances matrimoniales chez les Banana. C'est ainsi que les forces et les faiblesses de celles-ci ont été passées à l'esprit critique par l'auteur dans le souci de les faire connaître, les faire valoir, les faire aimer, les sauvegarder et les pérenniser. Telle est fondamentalement la substance de la présentation du patrimoine culturel mussey auquel nous invite l'auteur de ce présent livre. Il ne reste qu'à recommander ce livre aux jeunes, à l'intelligentsia mussey, aux promoteurs et à toutes les âmes assoiffées des recherches ethnographiques. Puisse-t-il également contribuer à féconder les recherches ethnologiques et scientifiques sur la culture mussey, à enrichir le rayon du savoir et à aiguiser l'appétit heuristique et intellectuel !

Abbé Gaspard Djounoumbi,
Bibliste et Curé de la paroisse-cathédrale
Saint Pierre et Saint Paul de Pala.

Sommaire

Introduction

L'Afrique est un continent culturellement morcelé. 54 États (selon la comptabilité des Nations unies) supposent 54 grands visages culturels qui coexistent. On y rencontre des États-Nations qui comptent plus de 200 ethnies, donc autant des cultures. Étudier un élément culturel en Afrique comme le mariage, c'est inévitablement confronter les différents usages en vigueur sur ce vieux continent. L'éducation est une réalité universelle, le propre de l'Homme au-delà de toute distinction de peuple ou de classe. Il n'y a pas d'éducation sans culture ; et certainement, pas de culture sans éducation. Considérant le fait qu'aucune tradition n'est figée et que toutes les cultures se valent, nous voulons montrer que la modernité et la rationalité scientifique, qui consistent à instaurer de nouvelles manières d'appréhender notre rapport au monde, n'ont pas fait perdre au mariage moussey ses valeurs éducatives.

Autrement dit, nous voulons montrer que la rationalité moderne, « critique radicale de la tradition africaine, l'affirmation préalable et explicite de la finitude de l'homme en tant que mesure de toute chose, selon l'expression de Protagoras, en même temps que l'affirmation de la volonté de conquête "mesurée", "calculée" et positive de la totalité, fondant le social sur le contrat, le positif sur le travail et le réel sur le signe » (Elungu P.E., 1987, p. 7), n'a pas anéanti la tradition africaine. Et que par conséquent, il s'impose de reconnaître aux cultures africaines des valeurs qui sont de nature éducative. À l'ère de la mondialisation marquée par d'inquiétantes mobilités démographiques et d'irréversibles échanges culturels, il urge d'interroger les traditions africaines sur leur participation à une éducation vertueuse aujourd'hui et à la marche de l'Humanité vers l'Universel. Ce travail qui porte sur le mariage chez les peuples Moussey et Mossi d'Afrique, s'emploie à explorer ses valeurs dans une visée éducative aujourd'hui. Seront donc mis en surbrillance, des éléments inhérents à ce type de mariage, qui sont axiologiquement et fondamentalement éducatifs, tels que le respect de la vie, le respect de la nature, le sens de la fraternité et de l'amitié, la parentalité responsable, le sens du sacré, le sens de la paix et de la solidarité, etc.

Le mot « mariage », en moussey *Ndumba*, provient du verbe latin *maritare*, issu de *maritus* (maris, mâle) et du latin *agere* (faire, acte, agir). Il désignait initialement l'union d'une femme et d'un homme, reconnue de façon officielle par la loi ou les règles en vigueur localement, dont le but est de former un couple. L'encyclique du pape Pie XI, *Casti Connubii*, indique dès ses premières lignes que le mariage est le principe et le fondement de la société domestique : le ménage.

Dans les pays dont les langues découlent du latin, le cadre juridique de l'appellation mariage renvoie à une forme par laquelle la femme se prépare à devenir mère par son union avec un homme. En général en Afrique, sa finalité est presque la même : la génération des enfants et leur éducation. En Pays Mussey, le mariage est un contrat social liant deux familles appartenant à deux clans distincts. Mieux, il est l'acte fondateur d'une famille qui est légalisé par le versement d'une dot. Autrefois, il assurait une fonction de ciment social unissant deux familles, soit pour renforcer les liens d'amitié, soit pour éviter un conflit. Le mariage est pour l'Homme Mussey l'une des composantes essentielles de la culture qui assure la continuité et l'agrandissement du groupe social. Il constitue enfin une étape de socialisation de l'enfant, le faisant passer de l'adolescent à l'adulte.

À l'ère de la mondialisation marquée par d'importants et inquiétants mouvements démographiques, d'interminables échanges culturels et la construction d'un nouvel ordre éducatif mondial, cette réflexion qui s'inscrit dans le domaine des Sciences de l'éducation, interroge les cultures africaines sur leur participation à une éducation vertueuse aujourd'hui, sur leur participation à la marche de l'Humanité vers l'Universel, mêlant à la fois tradition, modernité et rationalité. Nous savons que chaque culture véhicule un certain nombre de valeurs qui ont une implication dans l'éducation aujourd'hui. Ainsi, à travers le mariage traditionnel ou coutumier Moussey-Mossi, étape de socialisation des jeunes générations, nous voulons mettre en évidence des valeurs traditionnelles inhérentes à cet élément culturel pour une éducation de qualité aujourd'hui.

Trois chapitres dessinent l'ossature de cette réflexion qui s'adresse aussi bien aux étudiants qu'aux professionnels et chercheurs dans le domaine de l'éducation : 1) Brève présentation des peuples Moussey-Mossi ; 2) Fondement culturel et éléments caractéristiques du mariage traditionnel moussey-moaga ; 3) Éléments axiologiquement éducatifs du mariage moussey-moaga. Cette étude s'appuie sur les travaux des anthropologues et sociologues, sur l'approche critique qui vient de la philosophie et sur notre expérience en tant que produit de la culture moussey-moaga.

Chapitre 1

Brève présentation des peuples Mussey/Mossi

Les Mussey/Mossi sont une population d'Afrique centrale et d'Afrique de l'Ouest. Du point de vue ethnonymique et selon le contexte, on observe différentes dénominations : Bananna, Mosi, Moussei, Musei, Mussey, Musey, Moussey, Musseyna, Mussoi, Mussoy ou Mussey, Mossi, Moaaga, Moaga, Molé, Moose, Moosi, Mose, Moshi, Mosi, Mosse, Mosses, Mossis, Moossé. De toutes ces dénomination, *Mossi* (Burkina Faso, Ghana, Togo, Côte d'Ivoire, Mali et Benin) et *Moussey* (Tchad, Cameroun et Nigéria) ont été imposées et utilisées depuis la période coloniale, mais les ethnonymes exacts utilisés par la population sont *Moaga* au singulier et *Mosse* au pluriel (pour le Burkina Faso), *Bananna* (qui veut dire ami) au singulier et au pluriel (pour le Tchad, le Cameroun et le Nigéria). L'emploi de *Moussey* (« homme courageux ») s'est imposé pour question de précision car, aujourd'hui, au Tchad, quand on parle de « Banana », ce mot désigne plusieurs tribus du Mayo-Kebbi géographique et de la Tandjilé, parmi lesquelles les Massa, les Marba, les Zimé, les Mesmé, les Lélé et les Moussey en question. Autrement dit, plusieurs tribus s'identifient comme des tribus amies (banana).

Ces peuples constituent un grand groupe social durable ayant un « *esprit* » qui pousse ses membres à agir et à penser d'une certaine façon unique au monde. Malgré leur diversité géographique, ils portent une vision unique du monde et une manière spécifique de l'habiter. Ils ne sont pas constitués en un royaume unique, mais en deux grands groupes présents en Afrique centrale et en Afrique de l'Ouest. Dans cet ouvrage, nous utiliserons avec emphase, les appellations *Bananna* ou *Moussey* pour désigner le bloc d'Afrique centrale (y compris le Nigéria) et Mossi, pour désigner le bloc du Burkina, du Ghana, du Togo, de la Côte d'Ivoire et du Benin. Par endroits, nous emploierons *Moussey* pour désigner l'ensemble.

1.1. Les groupes d'Afrique centrale

Les groupes d'Afrique centrale (Tchad et Cameroun) et du Nigéria, partagent la même culture. Ces peuples parlent « vun banana » ou moussey, une langue tchadique du groupe soudanais. Cette langue, d'après Garine (2008, repris par Bertoni, 2018), fait partie de la famille des langues tchaidques et rentre dans le grand groupe linguistique dit Hanito-Sémitique ou Afro-Asiatique (p. 18). Selon Bertoni (2018), les locuteurs de « vun bananna » du côté du Tchad distinguent différentes variantes dialectales, mais principalement on peut distinguer deux groupes : la langue de l'intérieur (*vun kurvoona*) parlée par les Domo, Djarao, etc., groupes situés à l'est, et à la langue de l'extérieur/derrière (*vun ngoona*), parlée par les groupes Gounou, Tagal, etc., situés vers l'Ouest (p. 18). Par ailleurs, les lignages du Cameroun (Gobo, Pèè, etc.), parlent une variante dialectale influencée par les Massa, surtout pour le spécificateur féminin. Les Mussey du Tchad et du Cameroun partagent la même tradition et la même culture que ceux du Nigéria, à cause, peut-être de la proximité géographique entre ces trois Pays. Notons à cet effet que les Mussey du Tchad et du Cameroun sont particulièrement plus liés.

1.1.1. Les Mussey du Tchad

Tchad, pays de Toumaï (« Espoir de vie » en langue gorane, de son nom scientifique *Sahelanthropus tchadensis*), primate vieux de 7 millions d'années découvert par Michel Brunet et son équipe dans le désert du Djourab en 2001, faisant de ce beau et riche pays enseveli au cœur de l'Afrique, le berceau de l'humanité. Les Moussey y sont installés essentiellement dans le département de la Kabbia. Ils sont présents dans les quatre sous-préfectures que compte ce département :

Sous-préfecture	Chef-lieu	Cantons
Gounou Gaya	Gounou Gaya	- Gaya centre
		- Gounou
		- Djarao
		- Domo
		- Léo
Bérem	Bérem	- Bérem
Djodo Gassa	Djodo Gassa	- Tagal
Pont Carol	Pont Carol	- Bérem

Source : Chercheur

Le département de la Kabbia est un des 4 départements composant l'actuelle région du Mayo-Kebbi Est. Il a été créé par le décret 355/PR/MISD/991 du 1ᵉʳ septembre 1999 avec un ressort territorial plus large : sous-préfectures de Gounou Gaya, Fianga et Binder. Son chef-lieu est Gounou Gaya, centre géographique des Moussey du Tchad d'altitude de 325 mètres, au 9° 37′ 54″ nord et 15° 30′ 36″ est (OpenStreetMap).

Il a été réorganisé par le décret 415/PR/MAT/022 du 17 octobre 2002 : sous-préfectures de Gounou Gaya, Fianga et Hollom Games. En 2004, il a été divisé lors de la création du département du Mont d'Illi. Il correspond à l'ancienne sous-préfecture de Gounou Gaya (1960-1999), issue du poste de contrôle administratif de Gounou Gaya, créé en 1950 dans la subdivision de Fianga. Selon le deuxième Recensement Général de la Population et de l'Habitat de 2009, le département de la Kabbia comptait 216 151 habitants (RGPH2).

Les Moussey sont aussi présents dans le département du Mont d'Illi (cantons Gamé et Holom), dans la Région du Mayo-Kebbi Ouest (cantons Herdé et Goygoudoum), dans la Tandjilé avec différentes variantes et dans le Chari Barguirmi (un groupuscule). Comme activités économiques, les Moussey pratiquent le commerce, l'agriculture et la pêche.

1.1.1.1. Les grands lignages moussey d'Afrique centrale et leurs voisins

Source : Dictionnaire moussey, 5ème édition 2009

1.1.1.2. Les principaux lignages voisins des Mussey

Au Cameroun et dans le Nord, les voisins des Mussey sont les Masa, dits « Zutna », et les Guisey. À Gobo, c'est le Masa qui est emprunté. Au Tchad, à l'Est, les groupes du Logone (Kim, Juman, etc., dits « Orgina », les Marba et les Monogoy. Vers Domo et surtout Lew, il y a l'influence du Marba. Au sud, on trouve les Mesmé, Ngambay et Zimé (dits en général « Mbaabuna »), mais ce sont des mots du Zimé (de ce groupe font partie les Ngede qui sont très proches) qu'on dit « Mizina », lesquels appellent les autres « Dumuruna ». À l'Ouest, on trouve les Tupuri / Kera, dits « Oyna », puis, les Moundang (arrivés plus tard et qui n'ont pas de surnom. Vers ce côté Ouest, il y a moins d'influence linguistique.

1.1.2. Les Moussey du Cameroun

Au Cameroun, les Mussey sont présents à l'Extrême-Nord, dans l'arrondissement de Gobo (département du Mayo-Danay), à proximité de la frontière avec le Tchad. Gobo est devenu une commune depuis 2004, sur fond de la Constitution de 1996 (Loi n°96/06 du 18 janvier 1996 qui prévoit la décentralisation administrative. On les retrouve aussi à Garoua, capitale de la région du Nord du Cameroun et chef-lieu du département de la Bénoué et à Kousseri. Ceux du Cameroun ne sont pas le fruit de la migration mais, c'est le traçage des frontières nationales coloniales qui les a séparés de leurs frères du Tchad.

1.2. Le groupe d'Afrique de l'Ouest

Le groupe d'Afrique de l'Ouest, les Mossi (ou *moaga* au singulier), est établi au centre de Burkina Faso et aux Nords du Ghana, du Togo et du Bénin. Selon une version récente de l'histoire (Yamba Tiendrebeogo, 1963, pp. 8-9), les Mossi sont les descendants de la princesse Yennenga et de Rialé, qui engendrèrent au XIIIème siècle un garçon nommé Ouédraogo (mot également transcrit en *Wedraogo* ou *Ouidiragogo*, signifiant « cheval mâle » ou « étalon ») en l'honneur du destrier blanc qui conduisit la princesse au jeune chasseur. En effet, Yennenga (mot qui signifie "quelque chose de pur, de joli") était la première fille du chef de Gambaga (actuel Ghana). Ce chef n'ayant pas d'héritier mâle, cette fille était tenue de se conduire comme un garçon. Elle participait donc aux actions de guerre et montait à cheval.

Un jour, dans des circonstances banales, son cheval la conduit dans la brousse. Le cheval s'arrêta à une quarantaine de kilomètres de Gambaga et la princesse dut passer la nuit dans une hutte d'un chasseur de la région du nom de Rialé (mot qui signifierait "mange tout ce qu'il rencontre"). Elle demeura avec cet homme et en eut un fils qui fut appelé Ouedraogo par le père. Selon cette version de l'histoire donc, Ouedraogo est l'ancêtre des Mossi. Après la mort de son père, Ouedraogo partit pour la région de Tenkodogo et eut de nombreux fils. L'un d'eux, Zoungrana, fut son successeur. Le premier royaume moaga fut celui de Tenkodogo, fondé incontestablement par Ouédraogo.

Or, une version plus ancienne de la même histoire (probablement avant le Xème siècle), qui a sans doute été éclipsée par la tradition écrite, indique que les Mossis sont partis du Tchad pour l'empire du Ghana, l'un des anciens empires

27

africains ayant existé du IIIème au XIIIème siècles de notre ère, dont le centre se trouve dans la zone frontalière actuelle entre le Mali et la Mauritanie. Sa capitale était Koumbi-Saleh. Il est le premier des trois grands empires marquant la période impériale ouest-africaine. Il faut préciser que les noms Burkina-Faso et Ghana sont très récents par rapport à l'existence des Mossi. L'actuel Burkina s'appelait autrefois la Haute-Volta. De 1895-1958, la Haute-Volta faisait partie du Regroupement des huit colonies dans l'Afrique occidentale française (le Sénégal, la Mauritanie, le Soudan ou ancien Haut-Sénégal-Niger, la Haute-Volta, le Niger, la Guinée française, la Côte d'Ivoire et le Dahomey ou l'actuel Benin). En 1932, la Haute-Volta est partagée entre le Soudan, la Côte d'Ivoire et le Niger. En août 1984, la Haute-Volta prend le nom de Burkina Faso (du moré *burkina*, « intègre », et du dioula *faso*, « patrie » : « la patrie des hommes intègres »). L'actuel Ghana (terme qui viendrait du soninké *nwana* signifiant "héros") est anciennement connu sous le nom de « Gold-Coast » comme colonie britannique.

Selon Mahamadé Sawadogo (2023), la thèse de cette origine tchadienne des Mossi est crédible, à cause des similitudes culturelles avec les Mossi du Ghana, du Burkina Faso, du Togo, du Mali et du Benin. Les groupes du Tchad appellent ces derniers leurs petits-enfants. À N'Djamena, il y a une statue d'une princesse qui fait penser à Yennenga, mais l'état actuel des connaissances ne nous permet pas de tirer des conclusions sur le lien avec la princesse de Gambaga (une ville ghanéenne, capitale du district de Mamprusi est). En creusant ces similitudes culturelles, nous avons trouvé que le mariage en est un exemple patent.

Le peuple Mossi est le plus emblématique du Burkina Faso, cette « patrie de l'intégrité » aussi enclavée que le Tchad, où il est installé dans les villages des bassins des rivières Nazinon et Nakambé et forme l'ethnie majoritaire du Burkina Faso, constituant plus de 52 % de la population nationale (9 à 10 millions de personnes). Les Mossi sont majoritairement musulmans (65%), puis Chrétiens (15%), enfin animistes et autres (20%) (INSED, 2021). Ils parlent le Mooré, une langue issue du groupe voltaïque. Au Burkina Faso, le Mooré a le statut de langue nationale, mais aussi au Ghana, au Mali, au Bénin et au Togo. On peut relever le changement de langue opéré (Moussey au Mooré) qui serait peut-être la conséquence de l'acculturation et ou simplement la déconnexion liée à la distance. À l'heure actuelle, il semble toujours exister cinq royaumes traditionnels mossi distincts : Tenkodogo, Fada, Ouahigouya, Ouagadougou et Boussouma. Nous n'avons pas trouvé d'éléments spécifiques pour décrire la communauté du Nigéria qui, pourtant, croît considérablement. Mais les peuples de cette communauté ont gardé la connexion avec ceux du Tchad et du Cameroun.

1.3. Bref aperçu de la culture mussey d'Afrique centrale

Dans cette partie, nous allons explorer quelques éléments qui permettent d'appréhender la culture de ce peuple et qui le distinguent des autres.

1.3.1. Les clarifications des concepts « culture » et « tradition »

Bien que le sens moderne du mot culture apparaisse au XVIIIème siècle, le mot culture est déjà un mot ancien dans le vocabulaire du français, issu du latin *cultura* qui signifie « le soin apporté au champ ou au bétail ». Il désigne au XIIIème siècle une parcelle de terre cultivée. L'évolution du contenu sémantique du mot se fait en marge des mouvements des idées jusqu'au XVIIIème siècle. Au XVIème siècle, il signifiait « une action, le fait de cultiver la terre ». Parallèlement, se développe le sens figuré et culture pouvait désigner le fait de travailler à développer une faculté. C'est au mouvement naturel de la langue qu'il faut attribuer cette évolution, d'une part par métonymie, et d'autre part, par métaphore, imitant en cela son modèle latin *cultura*. Le fait de cultiver et le produit de la culture constituent la culture.

Le latin classique ayant consacré l'usage du mot au figuré, ce n'est qu'au XVIIIème siècle que ce sens figuré commence à s'imposer dans la langue française. Dans la langue des lumières, si l'encyclopédie réserve un grand espace à la "culture de terres", elle reconnaît le sens figuré des cultures qu'elle associe avec d'autres articles (« Éducation », « Esprit », « Lettres », « Philosophie », « Sciences »). Progressivement, culture finit par désigner la formation, l'éducation de l'esprit ; puis un autre mouvement fait passer le mot culture comme action d'instruire, comme état de l'esprit cultivé. En ce sens, le

30

dictionnaire de l'académie de 1798 stigmatise « un esprit naturel et sans culture », soulignant par cela l'opposition conceptuelle entre nature et culture.

Pour Essama Owono (2023), cette opposition est fondamentale chez les penseurs des Lumières. La culture, conçue comme un caractère distinctif de l'espèce humaine, est considérée pour eux comme la somme des savoirs accumulés et transmis par l'humanité, considéré comme une totalité au cours de son histoire. Les philosophes des Lumières, en employant toujours culture au singulier, mettent en surbrillance leur universalisme et leur humanisme : la culture est le propre de l'Homme au-delà de toute distinction de peuple ou de classe. Culture est souvent associée aux idées de progrès, d'évolution, d'éducation, de raison qui sont au cœur du mouvement des Lumières. L'idée de culture participe de l'optimisme du moment fondé sur le devenir perfectible de l'être humain.

Selon Linton (1986), une culture est « la configuration des comportements appris et de leurs résultats dont les éléments constitutifs sont partagés et transmis par les membres d'une société donnée » (p. 33). Elle est perçue par l'anthropologue camerounais, Titi (2020), comme un assemblage de manières de penser, d'agir et de sentir qu'un groupe social a incarnées et qui les transmet à d'autres individus. Cet auteur indique que tout ce qui est fabriqué par l'homme est une œuvre culturelle et tout ce qui lui est donné par la nature, y compris lui-même, n'est pas dans l'ordre du culturel. Tout ce qui est acquis est culturel. Tout ce qui est inné est naturel. Les faits culturels se transmettent par apprentissage, de façon informelle (comme une langue qu'on apprend en entendant parler, par immersion dans un milieu) ou de façon formelle, quand l'apprentissage est voulu et réalisé par des méthodes d'enseignement. Un peuple s'identifie par sa vision et sa compréhension du monde, ses manières et ses façons d'habiter son milieu, qui sont transmises de génération en génération. L'Homme Mussey est déterminé, au sens de Durkheim, par sa société : il vit par et pour elle. Grâce au processus de socialisation, il acquiert diverses manières ou façons de penser, de faire, de sentir et d'agir, qui lui sont antérieures. Parmi les éléments culturels de ce peuple hospitalier, généreux et altruiste, nous avons identifié la naissance, le mariage et les funérailles. L'héritage culturel d'un groupe social, étant porté par la tradition, il importe de clarifier cette notion. Pour Essama O. (2023), l'éducation et la culture entretiennent des liens de connivence. Il n'y a pas d'éducation sans culture. Et certainement, pas de culture sans éducation.

Le concept « tradition », vient du latin *traditio*, issu lui-même du verbe *tradere* (livrer, transmettre, etc.). De l'avis de Mvogo (2005), cette notion veut dire au moins trois choses principales. D'abord l'action de transmettre, de livrer et de léguer à autrui ce qu'on a soi-même reçu. On parlera dans ce cas d'une « tradition d'un bien meuble faisant l'objet d'un transfert de propriété » (Petit Larousse). Ensuite, cette notion renvoie à « la manière d'agir ou de penser transmise de génération en génération » (Petit Larousse). Il s'agit là aussi de quelque chose qui obéit aux usages, à la coutume des sociétés civilisées. On dira par exemple chez les Mussey : « La tradition veut que les enfants respectent les aînés ». Enfin, par ce mot, il faut entendre l'ensemble des « vérités de foi qui ne sont pas contenues directement dans la révélation écrite, mais fondées sur l'enseignement constant et les institutions d'une religion » (Mvogo, 2005, p. 98).

Dans la société Mussey, on parle des traditions des ancêtres, pour désigner l'ensemble des valeurs, des rites initiatiques, des techniques léguées par ces derniers. La tradition est un élément fondamental qui donne à ce peuple son identité culturelle unique au monde. Elle repose sur des savoirs locaux qui contribuent au développement de ce groupe social. Nous sommes sans ignorer que les savoirs locaux ont joué un grand rôle dans le progrès scientifique, technique et social des pays développés. Bien souvent, on compare toujours ces savoirs à la pensée contemporaine, comme formes de pensée moins universelles, plus locales et plus particulières. Ils sont certes des savoirs singuliers, mais leur valeur n'est pas marginale. Pour les Banana, les savoirs locaux jouent un grand rôle dans leur conception et leur manière d'habiter le monde.

Bref, la survie d'une tradition ou d'une culture est assurée par l'éducation. Considérant la dimension axiologique du mariage Mussey, nous développerons dans le prochain chapitre cet élément culturel dans une visée éducative.

1.3.2. Le festival international Kodomma

Kodomma ou *vun tillã* (nouvelle lune) est un Festival International de la fondation Mussey. C'est une manifestation culturelle annuelle d'envergure internationale, menant des actions concrètes dans l'encadrement des populations bénéficiaires. Depuis 2004, est née du Comité du Développement du Pays Mussey (CDPM) l'idée d'un Festival International Kodomma pour mettre véritablement la culture Mussey au service du développement. Dans son discours de circonstance lors de la 1re édition de ce festival organisé à Gounou-Gaya en 2004, son président historique (Amadou

Vamoulke), Kodomma, laissait beau entendre : « C'est dans le souci de fédérer les groupes lignagers moussey, que les élites ont décidé unanimement de trouver un moyen pour renforcer la cohésion entre les fils et filles Mussey, séparés par les frontières coloniales. Et le choix fut porté sur cette fête traditionnelle dénommée Kodomma ». Au-delà de sa dimension culturelle appliquée annuellement dans tous les clans du Tchad, du Cameroun et du Nigéria, « Kodomma est aussi un moment de socialisation de masse qui voit la participation de beaucoup de gens appartenant aux lignages amis qui se réunissent dans des lieux préétablis, bien qu'ils proviennent des zones lointaines, telle la diaspora installée au Burkina » (Isaac, 2022). Kodomma est une occasion unique dans laquelle les tambours sacrés sont portés sous l'arbre de fondation où le groupe se réunit et danse. Chaque année et depuis 2004, de manière alternative au Tchad, au Cameroun et au Nigéria, est organisé ce Festival qui entraîne près de 100.000 Mussey et leurs amis.

Originellement, Kodomma était une fête d'action de grâce rendue au Dieu créateur (*Lona*) pour ses bienfaits et une fête de propitiation pour l'avenir, c'est-à-dire, visant à Dieu propice aux humains et par conséquent procurant le rachat des fautes commises. Avec le temps, elle est devenue une fête des récoltes qui coïncide souvent avec celle de la nouvelle année pour marquer le commencement d'un nouveau cycle de production agricole. Pour ce motif, elle marque la fin d'une année et le commencement de la suivante. Cette fête était célébrée de manière parcellaire dans plusieurs villages ou sous-lignages du côté du Tchad : Bogodi, Gounou-Gan, Gounou, Djaraw, Tagal, etc.

À Gounou (sous-lignage des Mussey du Tchad), cette fête rendait un culte d'action de grâce à une divinité qui s'était auto-révélée sous le nom de Gunu. D'après les différentes versions orales qui circulent encore, la genèse de cette fête conservée par ce sous-lignage Mussey est captivante. Décidément, un fils de Dogi dont la mère est de Gan, fait une expérience au cours de l'une de ses sorties de chasse avec son fidèle chien. La soif le gagne et il se rend à Ban, une zone marécageuse, censée regorger d'eau. Son chien découvre donc l'eau dans un trou, s'abreuve et retourne inviter son maître. S'étant à son tour désaltéré, le jeune homme reprend la route de la maison et, l'eau qui était au fond du trou, se met à le suivre jusqu'à son domicile. Monsieur le bon chasseur, paniqué, courut chez ses oncles maternels (les Ganois).

Ces derniers, ayant consulté les devins, reçurent ce message : « Je suis Gunu, l'esprit qui gouverne cette zone (Ban) et qui a donné l'eau à votre neveu (le chasseur). Que ses parents (de Dogi) me rendent un culte d'action de grâce pour la vie de leur fils sauvée en donnant les os des bêtes sacrifiées à son chien. À vous chers Gano-Gounois, revient la noble responsabilité de me rendre aussi un culte, lequel est le plus important et réunira un monde fou, venant de divers horizons. Vous festoierez au rythme des tam-tams, le 10ème mois de l'année qui coïncide avec la récolte ». Ce message fut fidèlement transmis et exécuté. Commence donc à cet instant (XVIème) un culte que les descendants de Gan-Huwa et de Dogi devront, de manière itérative et régulière, rendre à Gounou (Dieu de la terre où est implanté le sous-lignage Gounou). On appelle cette fête, *vun til gunu*. Elle se déroule en deux journées : la 1re journée étant réservée à Dogi et la seconde à Gan. Compte tenu du message de

Gounou et du fait que Gounou-Gan est le fils aîné de Nahaygé (ancêtre du sous-lignage Gounou) et le plus grand centre du canton Gounou, cette fête est demeurée la plus importante. Les autres fêtes susmentionnées ont sans doute leur histoire mais, toutes gardent en commun le caractère cultuel. Ci-dessous, le pagne imprimé pour la campagne de 2022.

Pagne du festival, 13ème édition Gounou-Gaya 2022

1.3.3. Quelques proverbes mussey

Les proverbes que nous présentons dans cet ouvrage sont extraits du recueil réalisé par Guyot-Sionnest (1983). Ils sont pour la plupart recueillis auprès des vieux, des instruits tels Pierre Haysu et Albert Wandi (de Gounou–Gaya et originaires de Do'ngogo), Jules Moulinge Dangli (de Kakou) et Jean Wihawna (de Zaba), traduits et expliqués brièvement par Nicolas Nadji Gugumma (de Ndumba-Sebella, 1982) et nous-mêmes. Quelques proverbes ont été expliqués, à l'aide d'exemples, par Dassidi Watbonga (de Ndalaw). Une bonne partie de la transcription a été faite par la Sœur Michèle Gondouin. Tous ces proverbes ont été adaptés en Mussey du sud de la Kabbia (Gounou) par nous-même.

Pour les Mussey, les proverbes sont un reflet vivant de la société et de sa valeur. Ils montrent la force de la tradition dans la vie de tous les jours. « Ils permettront au lecteur Mussey de mieux appréhender la réalité de sa vie quotidienne et d'être davantage conscient de sa propre culture (et par là de l'aimer davantage) » (Guyot-Sionnest, 1983). Quant au lecteur d'une autre culture, ces proverbes le guideront pour faire connaissance avec les Mussey, leurs centres d'intérêt, les rouages de leur vie sociale. Les proverbes ont été classés selon l'ordre alphabétique des premiers mots. Ce classement est plus simple qu'un classement par thèmes qui nécessite une interprétation des proverbes. Or, une interprétation est souvent subjective, ce qui prêterait parfois à discussion. Les trois consonnes implosives B, D, H, sont classées respectivement après B, D, H. ((Guyot-Sionnest, 1983).

Les consonnes pré-nasalisées sont classées ainsi : i) Mb à l'intérieur des proverbes commençant par H ; ii) Nd, Ng, Nj, à l'intérieur des proverbes commençant par N. Les prépalatales Dl et Tl sont classées à l'intérieur des proverbes commençant par D et T.

1) *An ni hussa ngaf kura*

Traduction : Je suis le termite ailé qui affronte le feu.

Sens : Si on a commis une faute, au lieu de fuir, on vient supporter les conséquences.

2) *An ni kokolora, tli vaŋ sa u eŋ gi*

Traduction : Je suis le charognard, je ne prends pas la chose de quelqu'un avec la force.

Sens : Si je demande quelque chose à quelqu'un et qu'il se fâche, je lui dis le proverbe pour signifier : "Je te demande seulement, je ne vais pas lutter avec toi ; ne te fâche pas".

3) *An ni wayra keŋ votta*

Traduction : Je suis l'épine sur le bord de la route.

Sens : Comme le Jujubier (*Ziziphus*) donne son fruit à tous les passants, je suis l'homme toujours prêt à rendre service.

4) *Aŋ a lolo su ?*

Traduction : Est-ce que tu es une mouche ?

Sens : Se dit pour quelqu'un qui aime beaucoup la viande et qui cherche les gens qui sont en train d'en manger ; un profiteur.

5) *Aŋ hin mba cil mbil ma golo*

Traduction : Toi, un jour, tu vas soigner une grosse plaie.

Sens : Se dit à un homme qui vole trop, qui commet l'adultère : son frère le met ainsi en garde ; s'il continue, il recevra un couteau de jet, une lance.

6) An hin mba tin sen vun wayra cimira mbee

Traduction : (Sans mentir), tu vas poser ton pied sur une épine pourrie.

Sens : Si tu continues ta mauvaise conduite, il va t'arriver un malheur.

7) An hin mba wat kon mbee

Traduction : Tu arriveras à voir ça dans ta propre main.

Sens : Mise en garde d'un fils : tôt ou tard il sera chef de famille ou responsable de lui-même ; et inévitablement il verrait les conséquences de sa désobéissance et de sa paresse.

Exemple : Chaque jour Haraw donne de bons conseils à son fils. Il lui dit : "Pour réussir, il faut aimer le travail". Mais l'enfant d'Haraw est paresseux et désobéissant. Il n'écoute jamais et n'aime pas travailler. Bien que l'enfant soit paresseux et désobéissant, Haraw est contraint de le supporter. Haraw exprime sa pensée à son fils dans ce proverbe pour lui dire que la désobéissance et la paresse ont des conséquences graves. Leurs fruits sont l'abandon et la souffrance. Inévitablement c'est l'auteur qui endure les conséquences.

8) An kaa boyna ni bun vi tlok u daw su ?

Traduction : Toi qui vantes toujours ton père, est-ce qu'il a pris un éléphant dans le piège ?

9) An ni saa Jaman a li zon u van ndaran su ?

Traduction : Es-tu un homme de Jaman qui rend service avec les choses de son voisin ?

Origine : Jaman : nom d'un village chez les voisins Gounou-Gan.

Sens : Il faut rendre service avec tes affaires à toi.

10) *Yerekka ana goroŋŋa a laŋ vana ni laŋŋa ni u kura didimba*

Traduction : L'épervier dit à son enfant de faire quelque chose pour lui quand le feu monte.

Origine : C'est dès le début d'un feu de brousse que l'épervier chasse et qu'il apprend à ses petits à en faire autant, sinon il ne leur restera rien.

Sens : Si ton père se querelle avec quelqu'un, si tu veux l'aider, c'est au moment de la querelle, pas après.

Exemple : C'est la pêche : tout le monde revient avec beaucoup de poissons. Une mère dit ce proverbe à son enfant qui était absent, mais qui voulait aller pêcher quand tout était fini. Elle veut dire : "Où étais-tu donc ? Il fallait y aller avec tout le monde".

11) *Banara daŋ waya sura*

Traduction : L'amitié dépasse la fraternité.

12) *Bil ma koŋ ka caŋ gi su ?*

Traduction : Ton couteau de jet peut te tuer.

Sens : Même ton enfant, même ta femme est capable de te tuer.

13) *Bolowra ci vuvu ma galakŋa*

Traduction : Beaucoup de gens ont mangé la sauce salée.

Origine : Bien que la sauce ait été trop salée pour beaucoup de gens, elle a été mangée totalement.

Sens : Beaucoup de gens ensemble se sont tirés d'une mauvaise situation.

14) *Boy ma jivina cuk guina hu zulla*

Traduction : La bonne parole jette le serpent dans le trou.

Sens : Si ton créancier vient te réclamer à grand bruit ce que tu lui dois et que tu lui demandes un délai avec une voix très douce, il va peut-être accepter comme le serpent qui rentre dans son trou.

15) *Buu (fat ta dew) ma dew ka so zoy di*
Traduction : Un seul jour ne sèche pas les arachides.

16) *Bivun ka doo mat ma caŋ gi*
Traduction : Le sacrifice n'empêche pas la mort de te tuer.

17) *Cagayaera dew ka buu mat ti*
Traduction : Un seul hochet ne veille pas la mort. (Il faut être plusieurs pour veiller et crier sur la mort).

18) *Cinna u vunna*
Traduction : Le nez et la bouche.
Sens : Deux amis qui ne se séparent jamais.

19) *Daŋga beŋ kulumha mbira kio*
Traduction : Le reste de la dot te fait perdre une bonne jument.

20) *Da slaw ka mbut yori di*
Traduction : Le fonio rouge ne devient pas le fonio noir.
Sens : Un esclave ne devient pas un enfant de la famille. Quelqu'un de l'extérieur ne doit pas se mêler des affaires de la famille.

21) *Dina ka wi hahaw go zaa ma haw kuyu di*
Traduction : Le chien (de chasse) n'a pas compassion d'un petit animal orphelin.
Sens : Même si tu es orphelin, tu devras subir le châtiment de tes fautes. Pas de faveur.

22) *Dlara gazira col ni fun kemba*
Traduction : La vérité sort de la bouche des enfants.

23) *Eoŋ ngek ka di*

Il n'y a pas de petit bouc.

Exemple : Un oncle meurt, un jeune va hériter de sa femme. On hésite à la lui donner mais, il répond par le proverbe.

24) *Fatta dew ka so zoy di*

Une journée de soleil ne peut pas sécher les arachides.

Sens : Si ton frère t'aide en te prêtant de la nourriture, de l'argent ou un outil, et que tu ne veux pas rendre un temps voulu ou que tu rends l'objet abimé, une autre fois tu ne trouveras pas d'aide auprès de cette personne.

Exemple : Zuma est un homme riche d'un village Domo. Pendant la famine, Vamu vient le supplier de lui donner un panier de mil qu'il lui rendra à la fin de la récolte. À la fin de la récolte, Zuma réclame son panier de mil. En réponse Vamu di : 'Je ne veux pas t e rendre le mil ; le mil que j'ai, c'est pour ma famille. Zuma ne se fâche pas mais lui dit le proverbe, ce qui signifie qu'il ne l'aidera pas en e autre fois.

25) *Futta puk ki kaŋga puk ni tok kat bel su ?*

Traduction : La farine qui est tombée par terre, est-ce que tu la ramasses toute ?

Exemple : Tu prêtes un bœuf à un ami. Il ne te rend pas l'animal ni l'argent équivalent. Tu le traînes au tribunal. Il apporte une chèvre ou un veau… et l'on te dit le proverbe : tu dois te contenter de cela.

26) *Go hu ka jup ndaram kay po di*

Traduction : Le cabri n'attend pas son frère pour téter.

Sens : Si quelqu'un t'appelle pour manger, il ne faut pas tarder car tu ne sais pas ce qui va arriver.

27) *Goroŋ ma huruŋ ka tosoŋ gi*

Traduction : Ton propre enfant ne t'enterre pas.

Origine : Un enfant n'enterre pas ses parents : il pourrait mourir emporté par l'esprit du défunt.

Sens : Il faut faire du bien à tous, pas seulement à tes enfants.

28) *Gu joona ka mbuduŋ sa barat ti*

Traduction : Le bois pour semer ne fera pas de toi un laboureur.

Sens : Il ne te donnera pas la force de labourer.

29) *Guiy lik cemcem su ?*

Traduction : Est-ce qu'un serpent avale un hérisson ?

Sens : Tu es quelqu'un comme moi, tu ne vas pas m'avaler… Exprime l'impossibilité de faire telle chose.

30) *Hin kura tani, hol ndoosŋa*

Traduction : Laisser le feu, se chauffer auprès de la fumée.

Sens 1 : Ne jugez pas selon l'apparence, sinon vous vous trompez.

Sens 2 : Quand on accuse un innocent alors qu'on n'attaque pas celui qui a commis un méfait (crime ou autre), celui qui n'a rien fait dira ce proverbe.

Exemple 1 : Deux amis, Fitangi et Bahawadi, vont au marché de Gounou-Gan. Fitangi est gros et grand tandis que Bahawadi est mince et de taille moyenne. Arrivés au cabaret, les deux amis prennent place. Après avoir vidé leur calebasse de bilbil, ils sortent ; hélas, Fitangi renverse la calebasse de Koyna. Celui-ci veut réagir mais, voyant que Fitangi est gros et grand, il se tait. Non loin de là, dans la concession voisine, Fitangi commande du bilbil pour son ami et continue sa route pour Fianga. Quinze minutes après, Koya arrive, prend Bahawadi au col et réclame sa boisson. Quand celui-ci veut parler, Koyna lui donne une gifle. Bahawadi lui renvoie un bon coup de poing et lui crève l'œil gauche. Tous les assistants disent le proverbe en approuvant Bahawadi. Ainsi, ils font comprendre à Koyna qu'il n'aurait pas dû se fier à l'apparence faible de Bahawadi.

Exemple 2 : Au cours d'une leçon de français, le professeur donne un texte à résumer ou à commenter, au choix. Sans réfléchir, la majorité des élèves optent pour le commentaire de texte. À la remise des copies, le professeur dit le proverbe pour ceux qui ont choisi le commentaire, car cet exercice, qui semblait plus facile à première vue, s'est révélé plus difficile que l'autre.

31) *Hura co holotta bay goora ut su ?*

Traduction : La chèvre passe-t-elle par le trou de la clôture sans sa fille ?

Sens : Si une maman vole, plus tard sa fille volera aussi.

32) *Kakka njera vi ni suu sura.*

Traduction : Rester en place, c'est bien pour ceux qui ont leur mère.

Sens : L'orphelin doit se promener pour avoir de quoi manger.

33) *Ko ma nek ka ci mbuu di*

Traduction : La main qui montre ne tuera pas d'animal.

34) *Koy ma dewna kaboyo*

Traduction : Un seul étranger dit des mensonger.

Sens : On ne peut croire la parole d'une seule personne.

35) *Koyna ni buru ma vunum dubina*

Traduction : Un étranger est un varan dont la bouche est percée (et attachée).

Sens : L'étranger n'a pas le droit de bavarder comme les autres.

36) *Koy tlekŋa*

Traduction : L'étranger coq.

Sens : Même étranger, il se querelle avec les autres.

37) *Lemba kal sabakŋa*

Traduction : L'intelligence dépasse la force.

38) *Njegera haŋ duduk suŋ koŋu*

Traduction : La nuit te donne le foie de ta mère dans ta main.

Origine : Pendant la guerre, tu guettes ton ennemi dans l'ombre, tu lances ta sagaie… et tu atteins ton frère ou ta mère ; devant ton erreur, tu ne sais plus que faire.

Sens : Fais attention, la nuit, car tu peux faire ce que tu ne devais pas, ou dire des bêtises. Si quelqu'un te réveille la nuit, ne lui fais pas de mal sans lui demander qui il est.

Exemple 1 : Tazia est un voleur : il a pris un poulet chez Vunsu. Sa femme prépare le repas. La nuit, quand il fait sombre, le fils de Vunsu arrive et se mêle aux enfants de Tazia qui ne le remarque pas. Devant le repas, il dit à ses enfants de ne dire à personne que le poulet vient de chez Vunsu. Le fils de ce dernier rapporte l'affaire à son père qui convoque Tazia. Tazia paie, en disant le proverbe.

Exemple 2 : Vamadi, de Tagal, va épouser une fille Marba, Il ne mange pas de grenouilles. Arrivé chez ses beaux-parents, la nuit on lui donne le repas. Il mange en croyant que c'est la sauce de poisson. Mais, tout à coup, il trouve une patte de grenouille. Il dit le proverbe et refuse de se marier à cette fille.

39) *Njuf koklora*

Traduction : Le mari du charognard.

Sens : se dit de quelqu'un de faible, de laid, qui n'a pas la force de travailler.

45

40) *Njuvullã sut vun tlekka*

Traduction : Le ver s'est échappé du bec de la poule.

Sens : Ce proverbe s'emploie pour celui qui a connu un grand danger et qui a échappé à la mort.

Exemple : Un guerrier est grièvement blessé au cours d'un combat ; il n'attend que son dernier jour. Tout le monde est sûr qu'il va mourir. Deux ans après, il a repris sa santé. Chaque fois qu'on le voit ou qu'on parle de lui au cours d'une conversation, on dit le proverbe.

41) *Panda ni wayaŋ honirara*

Traduction : La moquerie est la sœur de la querelle.

42) *Pan tara bu ngo matna*

Traduction : La moquerie dort derrière la mort.
Sens : Si un homme courtise un animal au lieu des femmes de son clan, on se moque de lui : cela le met en colère, au point qu'il tue celui qui s'est moqué de lui ou se tue lui-même.

43) *Sa dugi ka tat sa dugi di*

Traduction : Un aveugle ne guide un aveugle.

44) *Sa ka vi gu tiniŋga koŋ bay sowollot iriŋ gi*

Traduction : Tu ne prends pas le bois de tam-tam sans connaître son ton.

Sens : Si quelqu'un se lève au milieu d'une assemblée, c'est qu'il connaît une bonne chose à dire.

45) *Sa zazakka hayna fi sokŋa*

Traduction : Celui qui est trop pressé trouve l'os.

Origine : Quand on mange la boule, celui qui veut le gros morceau va peut-être tomber sur l'os ; pendant ce temps les autres mangent la chair.

46) *Semma ka kal kaŋga u malam bi*

Traduction : Le nom ne peut pas entrer dans le trou avec son maître.

Sens : Par ce proverbe, on veut dire à celui qui a perdu quelque chose ou quelqu'un de cher, qu'il ne doit pas s'émouvoir si son nom ou son souvenir lui revient.

Exemple : Quelqu'un a perdu son cher ami il y a à peine deux semaines. Au cours d'une conversation avec ses amis, il s'est trompé de nom : au lieu d'appeler son ami qui est vivant, il a appelé le nom de celui qui est mort. Tout de suite, il est frappé par une vive émotion et baisse la tête. Pour le consoler, les autres disent ce proverbe.

47) *Sem ma tin ka hin malam bi*

Traduction : Le nom qu'on reçoit ne quitte pas son maître.
Sens : Si tu es nommé Vitkiyo (perdu), tu seras perdu, Vihawna (qui souffre), tu vas souffrir. En effet, les Mussey donnaient les noms tels la mort, l'avorton, le bâtard, pour conjurer le mauvais sort. On se rend compte que le nommé de la sorte devient ce que signifie son nom.
Sens : Se dit à celui qui se promène trop.

48) *Somo kura*

Traduction : Le bienfait du feu.
Sens : le feu te chauffe, mais il peut aussi t brûler.

49) *So uŋ giora ka vi sa kaŋga u njogot ti*

<u>Traduction</u> : L'encouragement ne terrassera pas quelqu'un dans la lutte.

<u>Sens</u> : Dans une lutte, même si on t'encourage, ça ne te donnera pas la force nécessaire pour terrasser l'autre.

50) *Tlekka dewra vaŋ cara*

<u>Traduction</u> : Avec une poule tu peux épouser une femme.

<u>Sens</u> : Si tu as une poule, elle donnera des petits. Tu les échangeras contre une chèvre qui aura aussi des petits. Ceux-là, tu les échangeras contre un cheval ou un bœuf, etc.... ce qui te permettra d'épouser une femme.

51) *Uŋ gio ka vaŋ sa kaŋga vogoŋ gi*

<u>Traduction</u> : L'encouragement ne t'aide pas à terrasser quelqu'un.

<u>Sens</u> : N'accepte pas de conseils à tort et à travers sans une réflexion personnelle.

<u>Exemple</u> : Des enfants reviennent de la chasse. Deux d'entre eux se battent : l'un est plus fort que l'autre. Celui qui est fort terrasse celui est faible. Les autres encouragent le faible pour qu'il continue la bagarre, Tout d'un coup, son adversaire lui casse bras. Arrivé à la maison, l'enfant explique la cause de sa fracture à son père qui lui dit le proverbe.

52) *Us bege ka su ?*

<u>Traduction</u> : La richesse a-t-elle une tombe ?

<u>Sens</u> : On dit ce proverbe à quelqu'un qui part en voyage et qui perd une grosse somme d'argent : il veut se tuer ; or l'argent, il en retrouvera ; sa vie, il ne peut la retrouver. Ou bien, se dit à deux hommes qui se battent pour de l'argent.

53) *Us begera ka pii vun gerek sa di*

Traduction : On ne peut pas faire le tombeau d'une richesse devant la concession de quelqu'un.

Sens : La richesse d'un homme se trouve dans ses enfants, s'il se glorifie de cette richesse et en même temps méprise les autres, se moque des pauvres et insulte presque tout le monde, il le regrettera un jour.

54) *Va ma vinna ka maŋŋa di*

Traduction : La chose de demain n'est pas à toi.

Sens : A peu près le sens de : « Il ne faut pas remettre au lendemain ce qu'on peut faire le jour même ».

55) *Vana varayara lobo*

Traduction : La chose nous appartient, c'est difficile.
Sens : Une chose appartient à tous est difficile à gérer.

56) *Vetta ana saa catna ka sa catna di ; saa ziritna ni saa catna*

Traduction : Le lièvre dit que celui qui l'a tué n'est pas celui qui l'a tué ; celui qui l'a transporté, c'est lui qui l'a tué.

Sens : Si quelqu'un dit du mal de toi mais, sans que tu n'entendes, cela ne fait rien. C'est celui qui te rapporte les paroles de l'autre qui te fait du mal.

57) *Votta mbambra ba goonira bay vi huna*

Traduction : Les deux chemins interdisent à l'hyène d'attraper la chèvre.

58) *Zew ma dewna ka njun gu di*

Traduction : Une seule corde ne peut pas attacher le bois.

Sens : Ne pas se montrer plus important que les autres quand on est seul dans une famille, car on peut vous faire du mal même si vous avez raison.

Exemple 1 : Bilsu, un cultivateur de Gounou, veut épouser Mujukka, une fille de Gaya. Il n'a personne pour l'aider à payer la dot, si bien qu'à la fin de chaque récolte, quatre ans de suite, il verse vingt mille francs. Quand la jeune fille est en âge d'être mariée, une autre personne de Tagal arrive et verse cent cinquante mille francs aux parents et prend la fille.

Apprenant la nouvelle, Bilsu porte plainte devant le président du tribunal coutumier qui convoque les parents. Bilsu explique sa souffrance et le mal qu'il s'est donné pour avoir cette fille. Les parents versent cent mille francs au président qui en remet quatre-vingt-dix mille à Bilsu. Pour le conseiller, il lui dit le proverbe.

59) *Zolona daŋ matna*

Traduction : La honte est plus forte que la mort.

Sens : Il ne faut pas faire de bêtises avec une fille de sa famille ni voler les biens de son ami intime ou de son beau-père.

Exemple 1 : Si quelqu'un fait des bêtises avec sa sœur (une fille de son village) et que cette dernière tombe enceinte, tous les deux prennent du poison et se tuent. Le jour de l'enterrement, leur famille dit le proverbe à leur sujet.

Exemple 2 : Jakosia est un homme de Gaya ; il vole deux bœufs de son beau-père. Il est allé les vendre à Fianga. Deux semaines après, Jakosia reçoit une convocation de la gendarmerie à propos de ces bœufs qu'il a vendus à Fianga, Tout de suite il prend un verre d'endrine et dit le proverbe à sa femme. Dix minutes après, il meurt.

Exemple 3 ; Dewe est ami de Mbera, la femme de son oncle. Un jour, Dewe est parti à la chasse, il a tué quinze souris et les a remises à Mbera afin qu'elle les lui prépare à manger ce soir-là. À vingt-trois heures, Dewe est en train d'attendre son amie. Fatigué d'attendre, Dewe ferme sa porte et se couche en disant : 'Je me suis donné de la peine pour attraper ces souris et maintenant je ne goûte même pas leur saveur ! Or au moment où il parle, son amie est la porte et lui dit de l'ouvrir. Elle lui dépose le plat et repart de sa mère de lui dire ce qui vaut mieux : la mort ou honte. Sans savoir le pourquoi de sa question, sa mère lui dit le proverbe. Vite Dewe prend du poisson et meurt.

1.3.4. Quelques paroles de sagesse mussey

Ces paroles sont aussi tirées du travail de Guyot-Sionnest (1983).

1. a- « Ndalla » ou « halla » (=comparaison, image ; vient du verbe « ndalla » qui veut dire décorer, dessiner) : c'est le proverbe proprement dit, phrase lapidaire imagée, bien rythmé, qui résume un aspect de la sagesse ancestrale, transmise de génération en génération. Les Mussey peuvent toujours forger, à partir d'expériences vitales, de nouveaux proverbes qui se fixeront dans la mémoire collective.

1. b- « Vun ngollä » (= parole importante) : ce terme est aussi employé, mais moins souvent que le précédent, pour parler de proverbes. Il peut aussi être synonyme de « ganyamba ».

2. « Njatta » (= parler, raconter) : équivaut plutôt au « dicton ».
3. « Gatta » (= conseil) : conseil ou même commandement.

51

4. « Ganyamba » (= tromper la tête : devinette). Ce genre est nettement différent dans sa forme : à partir d'une courte histoire, les personnes présentes sont invitées à donner leur avis, à exercer leur jugement, à montrer leur vivacité d'esprit. Là aussi, s'exprime toute une philosophie de la vie, à partir d'images. C'est en cela que la devinette s'apparente au proverbe, dans le monde culturel Mussey.

5. « Njunjunda » : conte ; c'est une image très développée, et même souvent une série d'images qui véhiculent aussi la sagesse traditionnelle.

Au final, le Mussey a cinq voyelles : a-e-i-o-u. Parmi les consonnes, notons :

- ✓ « c » a le son ''tch''.
- ✓ Trois consonnes implosives : b (B), d (D), h (H).
- ✓ La consonne ŋ se trouve à l'intérieur ou à la fin d'un mot, jamais en initiale.

Autres signes : le tilde ~ : il se trouve toujours sur la voyelle « a », il provient de la gémination due à l'assimilation d'fun −a− (de la terminaison masculine singulière −na) à la consonne finale du radical du mot auquel il est postposé. Ex. : mullã (chef) vient de mul-na.

Le chapitre prochain sera consacré à l'étude détaillée du mariage traditionnel Mussey. Il s'agira de présenter le fondement culturel, les étapes, les régimes et les formes du mariage Mussey, assortis d'une analyse critique. Il y a de quoi être marqué par la diversité de ces peuples, de par l'Afrique, et son unité culturelle, malgré les différents mouvements démographiques opérés par ce grand groupe tribal.

Chapitre 2

Fondement culturel et éléments caractéristiques du mariage traditionnel moussey/moaga

Le présent chapitre aborde la thématique centrale de ce travail : le mariage traditionnel ou coutumier mussey. Il sera question du fondement culturel de ce mariage, de ses étapes, des régimes et formes.

2.1. Fondement culturel du mariage moussey/moaga

Hétérosexuel et exogamique, le mariage (*Ndumba*) est pour le peuple Mussey une alliance indissoluble (*Ndumba ni somora bay bussa*) qui achève le processus de maturité de l'adolescent. Il se déroule suivant un certain nombre de démarches qui peuvent varier selon les clans ou les villages auxquels appartient la fille. Mais, les voies ou démarches à suivre sont partout les mêmes. Aucune limite d'âge n'est retenue pour le mariage qui a lieu très tôt pour les filles (dès qu'elles ont l'âge de puberté) et légèrement tard pour les hommes (25 à 40 ans). Souvent, les seins qui constituent un indice de maturité pour les jeunes filles, obligent les parents de celles-ci à les donner en mariage. Effectivement, une jeune fille dont les seins sont "tombés" avant le mariage est considérée comme une « vieille fille » et repousse les jeunes prétendants.

On rencontre généralement ces cas dans des familles dites sorcières ou paresseuses. On traite aussi ces filles de *Gawlaŋga,* terme actuellement utilisé pour désigner toute fille qui a été en mariage et qui est retournée chez ses parents, ainsi que les prostituées ou les femmes libres. Une dizaine de principes président à l'organisation du mariage chez les Mussey : la patrilinéarité, l'initiation, l'observance de l'exogamie, la gestion de l'inceste, la virginité féminine, le couple lévirat-sororat, le rite de purification en cas de grossesse avant le mariage et le divorce.

2.1.1. La patrilinéarité

La famille mussey étant patrilinéaire, le mariage coutumier est régi par le principe de patrilinéarité. La patrilinéarité (en opposition à la matrilinéarité) est un mode d'organisation matrimonial qui est fondé sur la seule ascendance paternelle en ce qui concerne la filiation, l'organisation familiale et sociale d'un groupe ou d'un clan. Cela signifie que la transmission par héritage, de la propriété, des noms de famille et titres, passe par le lignage masculin. Aucun droit n'est reconnu aux parents du côté maternel. Cela étant, c'est le clan du père qui sert de référence. Après son union à son époux, la femme intègre le clan de ce dernier et y demeurera jusqu'à sa mort. Il sied de noter que chez les Mussey, le mariage n'est permis qu'avec la cousine matrilatérale, c'est-à-dire dans le village de sa mère, excepté le clan de la mère.

2.1.2. L'initiation

En Afrique, l'initiation occupe une place importante dans le processus d'intégration communautaire de l'individu, quoiqu'elle revête des formes variées selon les groupes culturels. La société traditionnelle Mussey a mis en place un certain nombre de médiations grâce auxquelles les adolescents pouvaient bien accéder au stade adulte. Parmi ces médiations, figure l'initiation dont la pertinence vaut encore aujourd'hui. Pour ces Peuples Mussey (Mossis) présents à la fois en Afrique du centre et de l'Ouest, l'initiation est une étape décisive de la vie au cours de laquelle, les jeunes apprennent les valeurs sociales, morales et éthiques, sous la surveillance de personnes désignées en raison de leurs sagesse, science et expérience. Elle participe de la formation globale des jeunes. Le jeune garçon apprend à être autonome, à prendre en charge sa femme et ses enfants et à défendre son village en cas de danger. Et c'est à ce titre qu'un dicton beti (peuple du centre du Cameroun) dit : « *Obié mon, biém bila : alug mininga, alon nda, abaè eseb* (D'un fils, on attend trois choses : qu'il se marie, qu'il construise une case et qu'il cultive un champ » (Mvogo, (2005, p. 16). Igor de Garine (2008) résumait les rites d'initiation chez les Mussey du Tchad en ces termes :

> Les futurs initiés sont habillés de peaux de cabris et se rendent au cercle magique dans la brousse, où le chef d'initiation fait les offrandes et les sacrifices aux génies. Puis un repas rituel de mil est préparé au village. De retour au cercle magique, les parrains conversent avec les génies. Le chef offre à ceux-ci de la nourriture cuite. Les enfants placés sous une natte sont tués symboliquement puis ressuscités à la vie sociale. Ils font alors retraite dans une case. Vulnérables aux envoutements, ils ne peuvent sortir que surveillés et marchent à croupetons appuyés sur une canne. Les enfants sont ensuite progressivement réintroduits aux activités courantes et instruits (chasse au mulot...). Ils sont soumis à un rite de purification en brousse, et de retour au village sont présentés à leur famille. Chaque initié, devenu un homme, a les cheveux rasés. Dans un autre village où le rituel est mieux conservé, les nouveaux initiés apprennent à danser. Enfin la nouvelle vie sociale et spirituelle des initiés est illustrée par des dessins d'enfants.

Bref, pour Ndiaye (2004), l'initiation est au service de la victoire de la vie sur la mort. Pour l'Homme moussey, elle termine heureusement le processus de scolarisation et de responsabilisation des adolescents, les prépare au mariage et les rend aptes à assumer des responsabilités sociopolitiques.

2.1.3. L'observance de l'exogamie

L'exogamie est une règle matrimoniale imposant de chercher son conjoint à l'extérieur de sa communauté sédentaire ou nomade, son clan ou son milieu social. Elle est un fait, une obligation pour les membres d'un groupe social de choisir leurs conjoints en dehors de celui-ci. L'exogamie familiale consiste pour le jeune garçon à chercher hors de sa famille la réalisation de son idéal œdipien. Cette pratique est donc de rigueur chez les Mussey.

En effet, avant de laisser les relations se développer entre le garçon et la jeune fille, les parents s'informent amplement sur le clan du garçon en raison de l'observance de l'exogamie. C'est ainsi qu'un enfant ne peut se marier ni dans le clan de son père, ni dans celui de sa mère, ni dans ceux de ses grands-mères maternelles et paternelles. Les mariages sont donc très surveillés pour éviter tout risque de consanguinité et toute forme d'inceste. Tous les mariages doivent se faire avec les membres d'autres clans. Il est interdit au frère cadet de se marier avec la sœur de la femme de son frère aîné. Les Mussey ont très bien compris, comme le relève Lowie (1936, p. 284), qu'une société matrilinéaire qui unit régulièrement la résidence matrilocale à l'exogamie locale ne peut jamais parvenir au maximum de solidarité politique. Autrement dit, cette famille s'expose au risque de replis dangereux sur elle-même. Ses forces actives qui se composent surtout d'hommes venus de l'extérieur et appartenant peut-être à douze clans différents, peuvent nourrir les uns pour les autres une inimitié potentielle. En cas d'inceste, on organise un rite de purification pour conjurer le mauvais sort. L'homme Mussey est donc très obéissant vis-à-vis de cette règle.

Bref, nous pensons que l'exogamie doit être reconnue comme un élément important de cet ensemble solennel de manifestations qui, continuellement ou périodiquement, assurent l'intégration des unités partielles au sein du groupe total, et réclament la collaboration des groupes étrangers. La loi d'exogamie protège des valeurs à la fois du point de vue biologique et du point de vue social, et sans lesquelles la vie n'est pas possible, ou tout au moins est réduite aux pires formes de l'abjection. Et ces valeurs sont à perpétuer par l'éducation.

2.1.4. L'inceste et sa prohibition

Chez les Moussey, l'inceste (« yawna » ou « yowna ») est une pratique qui consiste – pour des individus ayant un lien de parenté – à coucher ensemble. L'expression "coucher ensemble", loin de modifier le sens donné à cette pratique dans sa structure universelle, oblige plutôt à bien se situer sur le terrain dans lequel la présente démarche se déploie, c'est-à-dire la culture mussey. Cette pratique a un fondement essentiellement biologique que culturel, car la parenté pour l'homme Moussey est un concept plurivoque (parenté biologique, parenté par alliance, parenté par adoption). En extension, nous verrons que la zoophilie, du point de vue conséquentiel, est considérée pour les Moussey comme une réalité renvoyant à l'inceste. Dans *Les Structures élémentaires de la parenté* (1949), Lévi-Strauss explique que la pérennisation de la famille, structure de la parenté, suppose des interdits pour l'encadrer. La prohibition de l'inceste en est l'*invariant universel* (un tabou), c'est-à-dire une loi morale qui interdit les relations sexuelles ou le mariage officiel entre membres d'une même parenté. Cet interdit représente une ouverture nécessaire au renforcement et à l'agrandissement d'une famille, là où l'inceste, au contraire, provoquerait son extinction. Pour cet anthropologue, les sociétés africaines ont connu et connaissent dans leur vécu les problèmes d'inceste car, comme   toutes les sociétés humaines l'ont fait pour s'humaniser, elles ont institué la prohibition de l'inceste du premier comme celui du second degré pour certaines d'entre elles.

Dans la foulée, Ondongh-Essalt (2006) trouve que la réalité de ce phénomène et sa prohibition sont attestées dans plusieurs groupes ethniques avec la possibilité quelquefois de désigner l'inceste par les mots spécifiques comme le font les Lulua de la République Démocratique du Congo, qui évoquent le concept de *tshibundi* pour parler de l'interdit des relations sexuelles entre des individus ayant un lien de parenté (Mutanga Katumpa, 1982).

Chez les Mussey d'Afrique centrale, lorsqu'un acte incestueux se produit et qu'il est rendu public, il entraîne automatiquement dans leurs esprits et représentations, la destruction de la famille ou de tout le clan. Il provoque des malheurs dans le village (épidémies, mauvaises récoltes, calamitées naturelles...) et, peut provoquer immédiatement, au pire des cas, des morts de personnes de par sa violence. La première réaction face à un acte incestueux avéré, c'est l'exclusion immédiate des auteurs de la communauté. D'après Douksidi Jean, un sage de Gounou-Gan (2022), on coupe à chaque acteur une oreille car, croit-on, c'est cet organe qui a mal joué son rôle de capteur des normes et interdits sociaux. Ou encore, les deux délinquants doivent briser une calebasse de couleur blanche en signe de séparation ou de repentance. Les rituels peuvent changer selon les endroits où les deux amants se

59

sont connus. Telle est ici sommairement décrite, la gestion de cette pratique.

La zoophilie, pratique sexuelle entre les animaux et les humains, est une réalité isolement présente dans certaines communautés en pays Moussey. Elle est traduite par « Slara yawna » (réalité conduisant au malheur). Son caractère déviant dérange et bouscule les mœurs. C'est pourquoi elle est donc sévèrement condamnée. La zoophilie produit le même type de conséquences que la première pratique, parfois pires. Elle est considérée comme contre nature, donc provocatrice du châtiment divin.

Sous un autre angle, nous sommes fort gêné de réaliser que la prohibition de l'inceste semble autoriser silencieusement la pratique de don. Et c'est bien cet aspect, trop souvent méconnu, qui dévoile la limite de cette norme sociale, quoique l'Homme moussey y veille au point de sanctionner les coupables. Ceci, pour dire qu'il existe aussi chez les Moussey une autre forme d'inceste que nous nommons *inceste par procuration*. En effet, il arrive pour un individu, empêché par la prohibition de l'inceste, de donner quelqu'un de sa parenté avec lequel il aurait souhaité avoir des relations sexuelles, à autrui. La finalité (inconsciente) d'une telle pratique est différente de celle consistant à créer ou consolider des liens d'alliance, à pacifier les rapports intercommunautaires. Il accomplit indirectement par mandat son acte sexuel avec cet individu (généralement une fille) de sa parenté. Cela étant, nous pensons que si la prohibition de l'inceste est une règle qui interdit d'épouser sa mère, sa sœur ou sa fille, elle devrait aussi être une règle qui interdit de donner sa mère, sa sœur ou sa fille à autrui, pour satisfaire indirectement ses désirs ou envies. Pourquoi cet élément échappe-t-il tant aux socialisateurs Moussey ?

Dans le même ordre d'idées, nous relevons la nécessité de préciser que la culture moussey entretient un déni de la pédophilie. Et cela mérite d'être questionné. La pédophilie, qui désigne l'union entre deux personnes ayant un très grand écart d'âge, n'est pas certes de la typologie de l'inceste et ne conduit pas absolument aux mêmes conséquences. Chez les Moussey, et jusqu'à ce jour, un vieillard de soixante-dix (70) ans peut, s'il a la vigueur, se marier à une jeune fille (« ta tinim fun zulla matna », celle qui le soignera jusqu'à la tombe). Dans l'imaginaire populaire, cet acte est plutôt vu comme normal ; alors qu'il est destructeur de la jeune fille. Or la société moussey est consciente qu'il s'agit d'un mariage forcé qui a des conséquences parfois dramatiques. Malencontreusement, ces jeunes filles (parfois même mineures) qu'on oblige à épouser des personnes du troisième âge, se donnent la mort, comme seule possibilité de refuser cette union inacceptée. Une fille de 15 ans qu'on liquide en mariage chez un vieillard de 75 ans (60 ans de différence), vivra-t-elle vraiment une expérience conjugale ? La société n'est-elle pas auto-fabricante des veuves ou des orphelins de père ? Finalement, ne sommes-nous pas en droit de dénoncer ce type de mariage ?

2.1.5. La virginité féminine

La virginité est le fait pour une personne de n'avoir jamais eu de relations sexuelles. Certes liée à la définition du rapport sexuel, elle est un concept social, culturel et religieux, également associé à la pureté et à la nouveauté. Selon le Dictionnaire *Larousse*, le concept de virginité est un emprunt au latin *virginitas* (« état d'une personne vierge »), lui-même dérivé de *virgo* (« jeune fille, vierge ») qui, dans l'Antiquité romaine, désignait spécialement les vestales (Virgines) et Diane (Virgo). Pour Yvonne (2012), l'adjectif « vierge », qui apparaît au XVIème, désigne l'inconnu, ce qui n'a jamais été touché (forêt vierge, page vierge...). La virginité féminine est souvent associée aux notions de pureté et d'honneur, en particulier dans les cultures et les religions qui insistent sur l'abstinence avant le mariage.

Dans la société traditionnelle Mussey, caractérisée par la patrilinéarité, il est admis que la fille ne doit pas connaître un homme avant son mariage. En général, pour une fille Mussey proposée en mariage dès son jeune âge, la virginité constitue une condition indispensable. Jadis, l'éducation de la fille est confiée à sa maman (éducatrice ordinaire), à sa belle-mère (femme de son papa), à sa tante ou à sa grande sœur (si la maman est décédée). Ces éducatrices lui apprennent les vertus d'abstinence, de continence et surtout de fidélité. À l'âge de puberté, la jeune fille évitera de porter certaines charges qui peuvent provoquer la déchirure de son hymen. Elle doit contrôler ses déplacements, évitant surtout la mauvaise compagnie et des endroits dangereux, c'est-à-dire fréquentés par des garçons mal intentionnés. Il existait très peu des cas de viol dans la société ancienne Mussey. La virginité des jeunes filles avait une très forte valeur, en ce qu'elle leur faisait d'abord honneur, ensuite, à leurs mères, à leurs familles et à tout leur clan. Elle était autrefois récompensée par des attentions ou des biens supplémentaires offerts par la famille du marié à la mère de l'épouse, en plus de la dot.

Du coup, l'importance de la virginité sur le plan culturel et social a dû engendrer différentes techniques pour vérifier la virginité d'une future épouse, dont la principale est l'observation de l'hymen censé se rompre lors d'une pénétration vaginale. En général, la présence du sang sur les draps à la suite de la nuit de noces a servi à prouver la vertu de l'épouse, bien que n'étant pas un indicateur fiable. Sont aussi souvent prises en compte au cours de ce premier rapport-test, la réaction de la fille traduisant son ignorance quant à la maîtrise de la pratique sexuelle et parfois un refus catégorique de celle-ci au premier essai. La conclusion est communiquée à la famille de la fille. Une fille trouvée non vierge peut perdre l'honneur qu'elle devait avoir, sa famille et les avantages y afférents. Au pire, même si le mariage est maintenu, cela pourra provoquer l'instabilité dans le foyer, voire le divorce. Selon les nouvelles tendances qu'on observe à Gounou-Gan (sous-lignage Gounou), le garçon enverra une lampe torche sans piles (ou sans fermeture) à sa belle-mère pour notifier que sa fille n'était plus vierge, d'où la torche sans piles ou sans fermeture. À l'inverse, il enverra une torche en bonne et due forme, notifiant la virginité de sa fille, reconnaissant le travail éducatif bien fait par la famille.

In fine, au regard du progrès scientifique indiscutable, une réflexion critique s'impose. Après la biologie et les sciences sociales, le concept de virginité est de plus en plus critiqué aujourd'hui par les féministes qui y voient une notion floue et un outil de domination masculine permettant de contrôler les femmes, leur corps et leur sexualité. Le premier rapport sexuel avec pénétration n'entraîne pas, de façon systématique, le saignement de l'hymen. Toutes les femmes n'en possèdent pas forcément un. Dans d'autres sociétés, une femme est toujours considérée comme vierge même si elle a eu des pratiques sexuelles. Il peut avoir pratiques sexuelles sans pénétration vaginale. Il est de même possible de reconstituer chirurgicalement l'hymen qui a été déchiré à la suite d'une pénétration vaginale. La virginité est impossible à prouver médicalement. Même les défenseurs farouches de cette pratique, conviendraient avec nous qu'il existe des facteurs susceptibles de provoquer la déchirure de l'hymen et qui n'ont rien à voir avec la pénétration vaginale. Doit-on continuer à stigmatiser les filles, les mamans et les familles ? Pourquoi les garçons ne sont-ils pas être traités de même ? Ne devons-nous pas redéfinir ce concept de virginité féminine ?

2.1.6. La pratique des mutilations génitales féminines (MGF)

Pour Herzberger Fofana (2000), les mutilations génitales féminines (MGF) renvoient à toutes procédures ou blessures qui modifient une partie ou la totalité des organes génitaux féminins pour des raisons culturelles ou autre raison non thérapeutique. Cette pratique est antérieure aux religions révélées monothéistes. Ce qui veut dire par ricochet qu'elles n'ont rien à voir avec la religion, mais plutôt avec les sociétés patriarcales, souvent polygames, qui permettent aux hommes de contrôler la sexualité féminine. Selon Auffret (1982), l'excision des femmes chez les Égyptiens remonte à 5 ou 6000 ans avant Jésus-Christ, c'est-à-dire qu'elle plonge ses racines dans le néolithique, et qu'elle a dû être d'un usage courant dans toute l'humanité protohistorique. L'extension géographique du fait l'atteste : Égypte, Éthiopie, Syrie, Perse délimitent en effet le foyer de la première néolithisation occidentale (p.145).

Considérant cette nouvelle terminologie, Herzberger Fofana (2000) distingue plusieurs formes MGF :

- la clitoridectomie ou l'ablation du clitoris, qui est la forme la plus légère et aussi la plus répandue dans les pays sahéliens ;
- l'excision ou l'ablation des petites lèvres, qui est souvent suivie de la clitoridectomie ;
- l'infibulation pharaonique, connue au Sénégal sous le nom de "taf", de « hara » en Égypte" et de « gudniin » en Somalie, qui consiste en l'ablation du clitoris, de la totalité des parties génitales externes : des petites lèvres et des deux tiers des grandes lèvres, puis couture et rétrécissement de l'orifice vaginal. Une très petite ouverture est laissée pour l'évacuation de l'urine et du sang menstruel. Elle est encore pratiquée au Soudan, en Somalie, en Éthiopie, à Djibouti et en Érythrée. C'est la forme la plus douloureuse ;
- l'incision et l'atrophie du clitoris et/ou des lèvres en piquant et en perçant ou en massant le clitoris du bébé afin de le rendre insensible. L'atrophie du clitoris se pratique par massage. Dès les premiers jours qui suivent la naissance afin d'éviter que le clitoris ne se développe, la masseuse entreprend durant plusieurs jours sur la fillette un massage qui tend à réduire plus tard l'ardeur sexuelle. Cette pratique qui tend à disparaître, sévit encore en Mauritanie, dans la partie est du Sénégal ;
- la cautérisation par brûlure du clitoris et des tissus environnants ;
- l'étirement, l'élongation du clitoris et des tissus environnants ;
- le grattage, le raclage ou la coupure du vagin et des tissus environnants.

Les MGF sont généralement justifiées par des raisons de pureté, de virginité et de santé. La pureté, synonyme d'ordre et de culture, s'oppose à l'impureté, synonyme de chaos naturel. Le maintien de la pureté, par la chasteté, ordonne la suppression du clitoris, cet organe laid, inutile, voire nuisible et dangereux (il peut blesser le sexe de l'homme lors du coït, et tuer l'enfant lors de la naissance), source de pollution physique et morale, et donc de désordre (luxure et maladie). Une femme non excisée est « sale » et aucun homme n'en voudra. La clitoridectomie fit par exemple son apparition en Europe au XVIIème siècle pour guérir certaines formes d'insomnie. Elle fut pratiquée aux États-Unis jusqu'en 1925, pour les mêmes raisons auxquelles s'ajoutaient des motifs « d'hygiène ».

Les MGF sont pratiquées à tout âge, du bébé de quelques jours à l'âge adulte avec deux pics de fréquence, entre 2 et 4 ans et entre 7 et 12 ans. Dans les milieux animistes, ces excisions sont ritualisées et s'inscrivent dans un schéma initiatique. Ces rites de passages élaborés, collectifs, comportant des festivités, obéissent à un calendrier rigoureux et sont généralement exécutés juste avant la puberté. En milieu musulman, elles ont plutôt un caractère individuel et privé, sans calendrier particulier. Avec la dégradation des schémas initiatiques sous l'influence de l'acculturation, la pratique des sociétés animistes tend à se rapprocher de celle des sociétés musulmanes. Les MGF sont pratiquées par une femme du village, une matrone ou tradipraticienne. Au Sénégal et au Mali, cette femme appartient à la caste de "forgerons". Elle utilise pour l'opération des couteaux spéciaux, des lames de rasoir ou des tessons de verre.

En Afrique, l'excision est pratiquée dans 28 pays, dont le Burkina Faso où la forme la plus répandue est l'ablation du clitoris et des petites lèvres (Nafissatou Diop & al., 2006). Selon ces auteurs, l'excision touche, dans cette patrie des Hommes intègres, presque toutes les ethnies et est pratiquée sur l'ensemble du territoire. L'OMS (1995) estime à 2 millions, les fillettes menacées chaque année de subir une forme ou une autre de Mutilation Génitale Féminine. L'analyse secondaire des données d'enquêtes réalisées depuis l'adoption de la loi, montre une tendance en dents de scie dans l'évolution de la pratique. En 1996, la prévalence de l'excision était estimée à 66% chez les femmes de 15-49 ans (INSD, 1996). Les données de l'EDS (2003) établissent un taux national de 77% de prévalence au sein des petites filles (0-4 ans). Bref, la pratique de MGF est formellement défendue aujourd'hui (cf. section 2.5). Les Moussey du Tchad, du Cameroun et du Nigéria ne pratiquent pas la MGF.

2.1.7. Le lévirat et le sororat

Le terme lévirat est un dérivé du mot latin *levir*, qui signifie « frère du mari ». Le lévirat est une pratique culturelle, un type particulier de mariage où le frère d'un défunt épouse la veuve de son frère, afin de poursuivre la lignée de celui-ci. De ce fait, lorsqu'un homme meurt et que sa femme n'a pas dépassé l'âge d'enfanter, son frère doit cohabiter avec la veuve afin de lui donner des enfants. Les enfants issus de ce remariage ont le même statut que les enfants du premier mari. Durant l'Antiquité, le lévirat était pratiqué notamment par les Égyptiens, les Babyloniens, les Phéniciens, les Hébreux et les Xiongnu (Peuples nomades ayant vécu en Mongolie, en Transbaïkalie et en Chine du Nord du IIIe au IIe siècle av. J.-C.).

En Pays Moussey, on distingue deux types de lévirat : ancien lévirat et nouveau lévirat. Ces deux types correspondent à la distinction faite par Radcliffe-Brown (1968) : « vrai » et « faux » lévirats.

L'ancien ou « vrai » lévirat est encore présent chez les Moussey/Mossi ainsi que chez d'autres peuples d'Afrique, notamment les Nuer ou les Zoulous. Ce lévirat correspond à celui qui est décrit dans la Bible au Livre du Deutéronome (Dt 25,5-10) avec Ruth et Booz et dans l'Inde. Dans ce vrai lévirat, la veuve reste la femme du mort, le frère n'est que son substitut, et les enfants sont tenus pour les fils du défunt. Il s'agit de perpétuer la lignée du mort et le culte des ancêtres. On retrouve les mêmes détails chez les Hébreux (Gn 38, 9). Chez les Mussey/Mossi, si deux frères demeurent ensemble et que l'un d'eux vienne à mourir sans laisser d'enfant, le frère survivant devait épouser la veuve du défunt. Toute autre alliance étant interdite à la veuve. Mais il existait des circonstances qui déliaient les femmes de cette interdiction, telles que l'âge avancé, sa tendance avérée à la pratique de sorcellerie, le manque d'un frère au défunt, etc.

Chez les Hébreux, en cas de refus de la part du frère, la femme pouvait néanmoins échapper à l'interdiction d'exogamie par la cérémonie de la *Halitsa* durant laquelle elle devait cracher au visage de son beau-frère, et lui ôter l'une de ses chaussures, et les personnes présentes lors de cette cérémonie, nommaient la maison, « la maison du déchaussé » (Dt 25,9-10). Dans l'un ou l'autre cas, cela avait pour effet de délier les deux protagonistes de leur mutuelle obligation.

Dans le nouveau ou le « faux » lévirat, qui est beaucoup plus répandu en Afrique, en particulier en Pays Moussey, il faut relever une sorte de mesure de secours mutuel entre frères et d'un moyen d'assurer la survie des veuves, trop vieilles souvent pour travailler. Le frère hérite alors bien des femmes de son frère défunt (si elles y consentent). Si elles sont encore en âge d'enfanter, il sera le père légitime des enfants qu'elles lui donneront. Cette forme de lévirat est en train de supplanter la première chez les Mussey de l'Afrique centrale (Tchad et Cameroun) et du Nigéria.

Le lévirat et la renonciation au lévirat, ont joué un rôle important dans le développement de la lignée de Nahaygé, l'ancêtre lignager de Gounou-Gan (Moussey du Tchad) et dans les histoires d'Er, d'Onan et de Tamar, (Gn 38,1-26) d'une part, de Ruth (Rt 4,1-13) d'autre part, donc dans la lignée messianique de David (Rt 4,14-22) et de Jésus-Christ (Mt 1,1-16).

Combinée avec la polygamie, le lévirat est encore pratiqué dans plusieurs pays d'Afrique (Tchad, Cameroun, Nigéria, Burkina Faso, le Sénégal, la Guinée ou le Togo). Le Bénin l'a interdit en même temps que la polygamie le 17 juin 2004 (Devey, 2004). Dans certaines communautés du Tchad, en l'occurrence la communauté Mussey, il est de plus en plus admis qu'une jeune veuve puisse aller contracter un autre mariage ailleurs. L'aîné hérite de la femme de son cadet ou le jeune oncle hérite de la femme de son neveu, mais ce sont des cas encore extrêmement rares.

De nos jours, n'est-il pas pertinent de voir dans le lévirat une pratique rétrograde, limitant les droits des femmes et maintenant l'idée qu'« une veuve fait partie de l'héritage » ? Cette pratique avait notamment été interdite par le gouvernement de Thomas Sankara au Burkina Faso (Lepidi, 2020) avant de refaire surface. En Afrique, certaines campagnes de prévention du sida dénoncent cette pratique en indiquant que celle-ci favorise la propagation de la maladie, alors que cela n'est pas vrai sur le plan épidémiologique. Par ailleurs, certains auteurs font remarquer que la pratique du lévirat (le faux) est la seule mesure de protection sociale dont bénéficient les veuves et qu'il n'est pas forcément bienvenu de lutter contre elle sans en remplacer l'aspect social. Cette pratique, sur fond du veuvage, est proche du sororat.

Le sororat est une pratique du remariage d'un veuf avec la sœur de son épouse, en particulier lorsque cette dernière laisse des enfants en bas âge. C'est une pratique qui oblige un homme à se marier avec la ou les sœurs cadettes de sa femme. Chez les Mussey, cette pratique n'est plus obligatoire. Il est aussi interdit de prendre comme seconde épouse la fille du frère de sa femme, ou la fille de la sœur de sa femme. Dans cette société ancienne, si une femme meurt alors que la dot a été déjà versée, la famille peut donner une sœur à sa place, comme compensation, mais jamais la sœur aînée. Toutefois, si la famille donne une autre fille à la place de celle qui est morte, avant de pouvoir la recevoir à la maison, les parents de la fille rendent une partie de la dot à la famille du garçon. Ensuite, celui-ci ira donner une nouvelle dot pour sa femme. On fait tout cela pour conjurer le mauvais sort *(homoo'ra)*. En outre, on ne ramasse pas toute la dot de la mort, car il y a cette malchance *(homoo'ra)*. La dot rendue pour la fille morte n'est plus pour le mari ; on ne l'utilise plus pour un autre mariage. À l'allure où vont les choses (cultures), cette pratique finira par disparaître d'elle-même dans les sociétés Mussey.

En résumé, le lévirat, qui oblige la veuve à épouser le frère de son mari défunt, et le sororat, qui oblige un homme à épouser les sœurs cadettes de sa femme, seraient pour Tylor et

Frazer des survivances du mariage par groupes. Le lévirat serait donc un reste de polyandrie et le sororat, la première forme de la polygynie (au sens hébraïque). Et surtout, vu que le *sex-ratio* (rapport du nombre de mâles et de femelles au sein d'un groupe social) est en général équilibré et qu'il n'existe pas un surplus de femmes disponibles. En Afrique, le lévirat perd de plus en plus son caractère obligatoire. C'est pourquoi, chez les Mussey d'Afrique centrale, la veuve peut choisir parmi les frères du défunt celui qu'elle devra épouser. De ce fait, les relations sexuelles entre un homme et la femme de son frère cadet sont interdites alors qu'il n'y a aucune prohibition pour la femme du frère aîné. Le lévirat peut exister sans sororat.

2.1.8. Le rite de purification en cas de grossesse avant le mariage

Chez les Mussey, une fille qui tombe enceinte chez ses parents occasionne des malédictions (mauvais sort) pour sa famille et toute sa communauté villageoise. Les conséquences peuvent être immédiates en termes des châtiments divins : sécheresse, inondations, famines, maladies, etc. Pour conjurer ce mauvais sort, on fait un sacrifice, qui consiste à tuer un bouc à l'entrée de la concession (l'enclos familial) du papa de la fille. Les deux jeunes mangent le foie grillé au feu allumé avec la paille de la case où ils se sont connus. Le reste de la viande du bouc ne sera consommé que par ceux qui ont enceinté une fois une fille et le neveu du côté maternel. Pour les autres, on tuera une chèvre. Ensuite, c'est toujours le même neveu qui, avec les branches du jujubier (*Zuziphus*), fait le tour de la maison de la fille avec les deux amants en nettoyant la trace de leurs empreintes derrière eux. Ce jour-là, la fille passera la nuit chez

71

son amant. Si la fille a menti en attribuant la grossesse au garçon, le sang du foie mangé la fera avorter ou elle meurt en travail. Cela détermine donc la suite à donner au mariage. Ce rite de purification permet de chasser le mauvais sort pour la famille et tout le village.

Aujourd'hui, semble-t-il, les jeunes ont trouvé l'antidote. Il est possible pour une fille, d'après quelques témoignages à vérifier scientifiquement, de transférer la paternité d'une grossesse à un autre garçon et accoucher paisiblement. Il suffit dans ce cas (le jour qu'elle entre en travail) qu'elle ait gardé discrètement sur elle un morceau (même une fibre) du vêtement du vrai auteur de la grossesse. Elle n'a plus besoin de le dénoncer pour que l'accouchement se déroule normalement.

2.1.9. Le divorce

En pays Mussey, le divorce suppose un mariage valide et licite. Il n'est pas géré par des dispositions légales ou religieuses comme dans les sociétés occidentales, mais se fait toutefois selon des règles coutumières. Sa dissolution (ou le divorce) rencontre donc beaucoup moins de difficultés malgré certaines complexités. Pour des raisons profondes (cas de sorcellerie, tentative de meurtre, infertilité de la femme, adultère, etc.), la femme peut être déliée du lien conjugal. Compte tenu de la nature patrilinéaire, les parents de la femme retournent la dot du monsieur. Si la femme a eu des enfants, ceux-ci restent dans la famille du monsieur. La femme retourne néanmoins avec ses ustensiles et son économie personnelle. Quand c'est l'homme qui décide du divorce, la cérémonie de séparation se déroule chez le chef du village de la femme. Aujourd'hui, se développe une tendance à diviser la dot à retourner au monsieur par le nombre des enfants (50.000 Fcfa par enfant), si jamais elle a laissé des enfants. Si le montant de la dot est évalué à 300 000 Fcfa par exemple, et que la femme a laissé 6 enfants au monsieur, il n'y a pas de dot à rendre dans ce cas de figure. Les changements actuels occasionnent parfois l'instabilité du mariage qui finit le plus souvent par le divorce. Les jeunes épousent de plus en plus la *culture du raccourci* (la facilité).

Bref, il ne faut pas toujours voir dans le divorce, l'échec. Aujourd'hui, il est de plus en plus l'expression de la liberté et du véritable amour donné ou refusé. Le divorce serait donc une occasion de libération. L'instabilité des unions a des conséquences graves. Rien ne prouve que ces femmes divorcées soient moins fécondes que les autres. Cependant, on ne prend jamais le temps pour vérifier la fertilité masculine. Et c'est la femme qui a toujours tort. L'éducation des enfants et leur équilibre psychique souffrent de ces situations.

2.2. Les étapes du mariage traditionnel moussey/moaga

Le processus de mariage coutumier chez les Mussey est fait de plusieurs étapes dont les principales sont : le choix de la compagne, le choix du témoin, les fiançailles, la cérémonie de versement de la dot et l'accompagnement de la fille chez son mari.

2.2.1. Le choix de la compagne

Selon la tradition banana, le mariage suit l'ordre de naissance dans une famille. On marie toujours en premier lieu le fils aîné, parce que c'est lui qui fera le sacrifice à son père, une fois défunt. En deuxième lieu, c'est son cadet. On entend souvent dire : « *Donora ka hin fokki* » (Il est inadmissible que l'aîné soit

73

célibataire). Le choix de la jeune fille est fait en fonction du comportement social de ses parents et du comportement de la fille elle-même. La famille de la fille ne doit pas être sorcière, querelleuse, voleuse, paresseuse ou menteuse, pour que la fille n'hérite pas de ces défauts.

Anciennement, le choix de la fille est fait par les parents du garçon, c'est-à-dire par un oncle, une tante paternelle, le grand-père ou par le jeune homme lui-même. Et comme nous l'avons susdit (Introduction), le mariage peut résulter d'une vieille amitié entre les parents ou d'une alliance en cas de guerres intercommunautaires. Et alors, dans certains cas, c'est le père du garçon qui va se lier d'amitié avec une femme enceinte. Si cette femme donne un enfant mâle, cet enfant devient l'ami de son fils. Si c'est une fille, celle-ci sera la femme de son fils. Dès la naissance de la fille, le futur époux signifie son amitié avec la fille en donnant du kaolin « sira » à sa belle-famille. Dans d'autres cas, après un engagement pris à la naissance, le monsieur peut apporter des « racines » pour donner à boire au bébé et faire les lavements. Il peut apporter des aliments à sa mère pour la lactation (haricots, arachides, sésames…) et plus tard une peau pour attacher l'enfant au dos et le couvrir. À ce niveau, ils font amitié *(ti galamba* ou *ti banara).* La plante magique mise dans l'eau, une fois la fille devenue grande, lui sera présentée par sa mère. Et elle doit la prendre pour sceller l'amitié et continuer en vue du mariage. Puis, on attend que les jeunes soient mûrs.

Tout commence par une rencontre entre les parents des futurs époux. Les occasions de rencontre pour les jeunes sont généralement les fêtes traditionnelles (*Kodomma*), les noces pour accompagner la fille chez son mari (*vokdonà*), les veillées mortuaires, les lieux de marchés hebdomadaires et des activités paroissiales, etc. En général, la jeune fille Mussey est courtisée et adulée par les parents du garçon et par les jeunes dès qu'elle est à l'âge de puberté. « Cette amitié devra céder la place à l'alliance (*somora*) » (Bertoni, 2018, p. 131). Parfois, le père (ou l'oncle), ayant remarqué une fille lors d'une visite, peut la proposer à son fils (ou neveu). Celui-ci, accompagné de ses amis, va la regarder et prendre des renseignements sur elle et sur sa famille.

En dehors de cette procédure, le prétendant à la main d'une jeune fille doit envoyer vers celle-ci un ami pour favoriser leur rencontre. Dans l'un ou l'autre cas, il ne peut entrer en communication avec celle qu'il a choisie que par une personne interposée. Cette pratique, empreinte de pudeur, de courtoisie ou de timidité, permet à la jeune fille de se prononcer librement sur son soupirant. Mais aujourd'hui, le garçon peut choisir librement en se fondant sur la beauté physique, ce qui n'est pas normal et qui cause beaucoup de problèmes par la suite.

2.2.2. Le choix du témoin

Le témoin est l'intermédiaire entre les deux familles et doit avoir un lien de parenté avec le garçon ou sa famille : il fait office de notaire. Au village, le témoin est réputé sage, capable de conseiller et de pacifier. C'est pourquoi on l'appelle *Saa vovotta* (homme de la route), parce qu'il doit se déplacer souvent pour bien régler le mariage et toutes les questions entre les deux familles. Il est un homme de confiance, juste et droit, qui a aussi des alliés dans d'autres villages. Le choix et la présence du témoin conditionnent tout.

De fait, juste après l'accord de la jeune fille, le garçon choisit, dans le village de cette dernière, un témoin officiel qui sera chargé de négocier à tous les niveaux les rapports entre le garçon et la fille. Souvent, il est un allié (*saa somora*) qui a marié une fille de son groupe, ou dans d'autres cas un neveu (*goo ndusuna*), ou encore un mari d'une tante (*tananma*) ou son fils (*goŋ mbayambana*). Pour reprendre Bertoni (2018), le témoin ne reçoit rien de la dot, sauf quelques petits cadeaux qui ne sont pas comptabilisés et qui dépendent du « bon cœur » des deux familles. Sa grande compensation est le prestige social et la renommée d'homme juste et capable de négocier et de bien retenir tout ce qui est donné à chaque fois. Aujourd'hui, on écrit les éléments de la dot et on fait une liste. Toutefois, c'est toujours la mémoire qui doit rester comme "témoin" de ce qui s'est passé. Dès l'instant où le témoin est choisi, les futurs conjoints se considèrent comme des fiancés. À cet instant, démarre l'étape des fiançailles.

2.2.3. Les fiançailles

Par fiançailles (*Galam goora* ou *Bana goora)*, il faut entendre l'expression officielle d'une promesse de mariage entre deux individus. Dans un régime patrilinéaire, il s'agit d'une ancienne tradition à l'intérieur de laquelle le futur époux avait pour habitude de négocier les conditions du mariage avec le père de la future mariée. Les fiançailles annoncent officiellement les intentions d'un garçon et d'une fille de se marier. En acceptant la demande en mariage du garçon, la fille exprime sa volonté de se marier avec ce dernier. Les fiançailles peuvent commencer très tôt (15 ans pour la fille et 18 ans pour le garçon), ou bien avec la rencontre des futurs mariés. Dans tous les cas, elles sont toujours précédées du choix de la jeune fille et du témoin.

Tantôt courtes, tantôt longues, les fiançailles évoluent généralement suivant le rang social des parents. Sont souvent prises en compte, des considérations d'ordre social et tribal qui peuvent influencer la décision des parents. L'origine sociale du garçon est donc d'une grande importance dans le processus. Un garçon issu d'une famille aisée ou respectée a plus de chance d'avoir une femme à son goût. Parfois, cette origine sociale ne joue pas toujours en faveur de l'union des futurs mariés. Par exemple, de vieilles hostilités opposant des familles, peuvent constituer un véritable obstacle à leur union. Toutes ces conditions étant réunies, la période de fiançailles peut commencer. Les futurs conjoints se visitent régulièrement. Le garçon doit être plus attaché à ses beaux-parents qu'à ses propres parents.

Ainsi engagées, les fiançailles constitueront un moment de travail fait par le garçon à sa belle-famille. Ses visites correspondent à des services rendus à sa belle-famille. Par exemple, la réfection des toits ou le travail d'un champ. Il se fait accompagner par ses camarades. Pour leur travail, ils seront récompensés par les attentions de la fille et de sa mère avec des repas copieux. En conséquence, il pourra connaître la qualité culinaire de sa future compagne. La fille et ses sœurs leur chaufferont l'eau pour se laver, causeront avec eux, passeront la nuit ensemble mais, en se respectant (sans se connaître). Cette pratique appelée « bokŋa », éduque à la maîtrise de soi et de la pulsion sexuelle : les jeunes ne doivent jamais avoir des relations sexuelles avant leur union légitime, sinon ils n'auront pas d'enfants et il n'y aura pas de mariage.

De son côté, la jeune fille ira aussi passer un ou deux mois chez les parents de son fiancé. Cette étape s'appelle « ndella » (stage) et donne l'occasion aux parents du garçon d'étudier leur belle-fille, c'est-à-dire voir si elle est une fille aimante, calme et patiente. De nos jours, l'étape des fiançailles est moins respectée et le vide est souvent cause de l'instabilité du mariage. Anciennement, le mariage comportait trois moments qui pouvaient s'étaler sur trois ans :

- ❖ « **Donner le coq** » *(Gi slekŋa).* C'est à ce moment que le garçon doit se déclarer publiquement en donnant un coq. Il ferme la porte à tout éventuel prétendant rival.
- ❖ « **Attacher le cabri** » ou « **verser la dot** » *(Cuk begena).* Le garçon donne un certain nombre de cabris aux parents de la fille.
- ❖ « **Compter la dot** » *(Ndum begena).* Cette étape, parfois confondue à la 2ème, est décisive.

2.2.4. La cérémonie de versement de la dot

Les Mussey ont conservé la coutume de verser une dot *(begera)* au père de la fille qu'ils désirent épouser. La cérémonie du versement de la dot *(cuk begena)*, qui valorise les beaux-parents et les deux familles, se déroule dans la famille de la femme qui est à l'honneur. Elle solennise, rend valide et licite le processus du mariage. En pays Mussey, la coutume du mariage dotal est très ancienne. La dot est considérée comme une compensation symbolique faite à la famille de la fille pour le membre qu'elle perd. En d'autres termes, elle équilibre la perte subie par une famille (amputée d'une fille) et l'enrichissement d'une autre, fortifiée par l'arrivée de cette jeune épouse et escomptant s'accroître de ses enfants. C'est pour cela qu'elle ne finit jamais.

L'Homme banana ne doit pas croire, parce qu'il a versé une dot, il peut user sans restriction de sa femme, comme un objet, sans risquer de s'attirer la colère de sa belle-famille et de tout le groupe auquel elle appartient. Dans son foyer, la femme peut manifester sa volonté de collaborer avec son mari. Et avec l'âge, elle sera considérée comme la mère du mari, de la famille. Si le versement de la dot peut être considéré comme dédommagement accordé à la famille pour la perte des services d'un de ses membres, il représente habituellement pour l'Homme Mussey, et singulièrement pour la femme, beaucoup plus que cela. Le montant de la dot versé détermine souvent le prestige de la femme dans la maison de son mari et dans sa propre communauté. Il lui confère une certaine valeur et une certaine considération qui sont d'autant plus grandes que la dot est plus importante. Il n'est pas rare de se faire entendre dire par sa femme en colère : "Avec quoi même m'as-tu épousée ?". Le fait de n'avoir pas versé une bonne dot peut amener la femme à quitter le foyer conjugal estimant son honneur bafoué.

Au cours de cette cérémonie, sur le plan protocolaire, les futurs mariés qui font profil bas, cèdent l'autorité aux deux chefs de famille qui occupent les premières places, et qui confient (chacun de son côté) le pouvoir de négociation à une personne diplomate, douée de tact et du savoir-parler. En réalité, cette phase est généralement celle de la présentation officielle de certaines demandes matérielles symboliques, exigées par les parents de la future mariée, en récompense des différents efforts d'éducation, de protection, de nutrition qu'ils ont consacrés à leur fille dont le départ créera un vide. C'est aussi le moment de remettre officiellement à la future épouse son cadeau symbolique qui varie en fonction des clans (Pagne en tissu, bijoux, chaussures, argents, etc.). La symbolique ici est de montrer officiellement que la fiancée ne pourra pas souffrir. Certains cadeaux (généralement de l'argent en espèce) sont remis confidentiellement aux parents et à certains membres importants de la belle famille.

En général, la dot se compose des bétails et des métaux précieux tels que *Lomba* et *Kawina*. Mais aujourd'hui, l'argent a remplacé ces objets métalliques. La dot est évaluée en termes de bœufs, chevaux et chèvres donnés. Autrefois, l'unité de la dot était la houe en fer *(bege kawina)* et les morceaux de métal, minerai en fer brut sous forme de petites boules (*bege lomba*). Le mot "begera" désigne la richesse ou la dot. Associé au mot "kawina" ou "lomba", il indique le fer, les armes et les houes. La boule de métal brut *(lomba)* constituait une "bege kawina". « On préparait 10 unités attachées en colis » (Bertoni, 2018, pp. 136-137). Le montant de la dot était 10 "bege kawina" qui était l'équivalent d'un cheval de course. Le métal et le fer fondu en houe, avec le cheval, étaient la richesse des Mussey. Parfois, les valeurs correspondantes de la richesse dans la tradition étaient :

- ✦ 10 poulets = 1 cabri ;
- ✦ 10 cabris = 1 bœuf ;
- ✦ 1 minerai *(lomba)* = 1 houe *(bege kawina)* ;
- ✦ 10 *bege kawina* (constitué de 10 unités) = 1 cheval.

Il n'y avait pas un montant unique pour toutes les filles. Ce sont les parents de la fille qui proposent (fixent) la dot à verser. Le montant en argent, grands et petits bétails, est arrêté par consensus autour d'une somme de 200.000 Fcfa, d'une vache, d'un taureau, d'un cheval, des chèvres (une dizaine) et des poulets. Les familles riches vont au-delà. Ce qui reste de la dot (*Ndaŋga*) peut durer jusqu'à la mort. Chez les Mussey, la dot ne finit pas.

Parfois, il n'y a pas un véritable versement de dot. Le gendre manifeste son respect et sa soumission à ses futurs beaux-parents en travaillant pour eux : défrichage, construction de cases et réfection de toitures, sont effectués par le fiancé et ses camarades. Outre la valeur des services fournis, qui dédommagent la perte de la fille, le travail donne l'occasion de mesurer l'énergie du garçon. C'est en quelque sorte une épreuve à franchir. Plus tard, les occasions les plus diverses seront utilisées pour lui demander des cadeaux : visite de la belle-famille, naissances, mille et un prétextes seront bons pour « réclamer » au gendre quelque présent.

Anciennement, il existait un rite d'union, qui symbolisait l'union de deux familles pour toute l'éternité, d'où le sens de l'adage : « *Ndumba ni somora bay bussa* » (le mariage est une alliance indissoluble). C'est pour ces raisons que les veuves avaient le droit d'épouser l'un des frères de leur défunt mari, et l'héritier avait le droit de considérer les femmes de son père comme les siennes après le décès de celui-ci (faux lévirat). Cette logique qui jusqu'à nos jours existe encore dans d'autres tribus de l'Afrique du centre ou de l'Ouest, témoigne de l'éternité du lien mariage en Afrique. C'est pour cette raison qu'en général, lors de certains rites d'union pendant le mariage traditionnel, les officiants coutumiers mélangent symboliquement deux différentes boissons (venant d'une part de la famille de la fille, et d'autre part, de la famille du garçon) qui deviennent homogènes, et font boire le breuvage à ces deux futurs époux. Par cet acte symbolique, ces futurs époux jurent devant l'assistance qu'ils acceptent d'être unis pour toute la vie. Le versement de la dot s'achève toujours par les bénédictions qui consacrent le mariage, les jeunes époux et sont le signe de la sacralité de l'alliance. Il ne pourrait avoir un vrai mariage Mussey sans ce moment.

2.2.5. L'accompagnement de la fille chez son mari

L'accompagnement de la jeune dame chez son mari (*Tind go'ora*) termine le processus du mariage enclenché depuis les fiançailles. Il existe plusieurs formes d'accompagnement dont les principales sont : *Tinda* et *Slira*. Les deux formes sont portées par le *Vogodona* (Accompagnement solennel de la fille). Selon la première forme, les parents de la fille, en accord avec ceux du garçon, définissent un jour durant lequel les frères et sœurs de la fille devront l'accompagner chez son mari. L'effectif des personnes constituant le cortège dépend souvent de la capacité d'accueil du garçon. On conduit la fille avec les ustensiles de la cuisine acquis grâce à une partie de la dot. Selon la distance et le contenu de l'accueil, le séjour dans la famille du garçon peut durer jusqu'à deux jours. Une petite fille, appelée *Gobalara* (assistante) demeurera avec la nouvelle mariée pendant environ une semaine. Son rôle sera d'aider sa grande sœur à s'insérer dans son nouveau monde.

Installée dans sa nouvelle famille, la nouvelle mariée bénéficiera dans les premiers mois d'une attention particulière. Elle est traitée comme un nouveau-né dans la famille. Elle fait la cuisine d'abord pendant près d'un mois chez sa belle-mère. C'est elle qui chauffe l'eau à son mari. Elle mange avec sa belle-mère (ou la femme de l'oncle du garçon à qui elle est confiée), qui lui dressera son foyer, pour la rendre autonome.

2.3. Les régimes du mariage mussey/moaga

En pays Mussey, il existe deux régimes ou formes d'union : la monogamie et la polygamie. C'est l'autorité coutumière qui préside à une éventuelle dissolution dudit mariage.

2.3.1. La monogamie

Selon les spécialistes de l'évolution, la monogamie serait un héritage du long parcours de notre espèce et aurait constitué une étape cruciale dans le processus de développement de nos ancêtres. Elle est une union exclusive, présente notamment dans les pays de culture judéo-chrétienne. Bien avant l'arrivée du Christianisme au Tchad (en 1929) et au Cameroun (en 1890), la monogamie prédominait dans les sociétés Mussey. Du point de vue de la santé, l'un des grands avantages de la monogamie est le risque réduit de contracter des maladies ou infections sexuellement transmissibles (MST/IST). La monogamie peut améliorer le taux de survie de la progéniture car, les hommes sauront quels bébés sont les leurs et seront donc plus enclins à les soutenir. Elle a beaucoup d'avantages en matière d'éducation des enfants. Un autre mariage peut être effectué pendant que le premier est toujours valide, donnant subséquemment lieu à la polygamie.

2.3.2. La polygamie

Dans les sociétés africaines plus anciennes de type tribal, la polygamie (ou la polygynie) permet à une personne d'être engagée dans plusieurs mariages en même temps. Avoir plusieurs femmes en pays Mussey était gage de sécurité individuelle pour les chefs, comme chez les Nambikwara du Brésil où existe la polygamie des chefs (en opposition à la monogamie des sujets). Ensuite, la polygamie était la conséquence de la stratification sociale que Thurnwald appelle polygamie « gérontocratique » et que l'on trouve dans certaines régions d'Australie et en Mélanésie. Dans cette partie du monde, les plus vieux s'approprient plusieurs femmes, ce qui fait que beaucoup de jeunes sont obligés d'attendre de longues années avant de se marier ou vivent avec des femmes plus vieilles qu'eux, reçues en héritage de leurs frères décédés par lévirat. Enfin, dans les sociétés patrilinéaires ou patriarcales, la polygamie était signe de richesse et parfois de puissance. Elle était pourvoyeuse de la main d'œuvre humaine et elle résolvait le problème d'infécondité.

Dans la polygamie, la première femme est la mère de la famille. C'est elle qui peut autoriser le mariage d'autres femmes. Dans cette organisation sociale, ce n'est pas la société conjugale (le groupe « époux-épouses ») qui paraît le plus marquant, mais le groupe « mères-enfants ». Chaque femme vit à part avec ses enfants, travaillant avec eux et pour eux. Lorsque son fils aura grandi, elle se mettra sous sa direction. Ce petit groupe forme une entité juridique qui a ses biens propres : le garçon, chez les Mussey, avait un droit sur la dot de sa sœur. Chaque foyer a donc son existence autonome. Il est évident que la polygamie distend les liens entre mari et femme et resserre les liens entre mère et enfants. Jalousie, absence d'intimité ne facilitent pas toujours l'établissement de relations totalement confiantes. Les enfants vivent le plus souvent avec leur mère et l'unité élémentaire est le foyer. Même dans les ménages monogamiques, le style de vie caractéristique de la polygamie est imité : le mari vit dans sa case et la femme avec ses enfants dans la sienne. Il existe plusieurs formes de mariage en Pays Mussey : le mariage par enlèvement, le mariage par héritage, le mariage par don et le mariage par échange.

2.4. Les formes du mariage mussey/moaga

Chez les Mussey en général, nous distinguons plusieurs formes de mariage, notamment : le mariage par don, le mariage par échange, le mariage forcé, le mariage par rapt simulé, le mariage par enlèvement non concerté et le mariage par héritage.

2.4.1. Le mariage par don

Les Moussey-Mossi entendent par mariage par don, le mariage au cours duquel, un père décide de donner sa fille à un homme sans exiger le versement d'une dot. En effet, ce type d'union est la concrétisation de l'amitié unissant deux familles, qui décident de renforcer ce lien dans le temps. Ces mariages sont bien souvent aussi motivés par la recherche d'une paix véritable entre deux clans qui se faisaient la guerre. Ou encore, c'est pour restaurer une vieille amitié. Dans ce cas, on explique le bien de ce mariage à la fille. Et c'est avec son accord que ce mariage est possible.

2.4.2. Le mariage par échange

Le mariage par échange est un type de mariage où deux familles, deux groupes ou deux clans font échange de femmes, pour assurer le mariage de leurs jeunes hommes. Il est vrai que les coutumes Mussey prévoient le mariage par échange, mais cette forme d'union est extrêmement rare. Dans ce cas, pour garder le symbolisme dotal et sceller l'alliance, les deux familles échangent aussi des biens. Cette petite dot garantit la stabilité des foyers. Sinon, la dissolution d'une union peut entraîner celle de l'autre.

2.4.3. Le mariage forcé

Le mariage forcé désigne toute union - civile, religieuse ou coutumière - dans laquelle une des deux personnes, et parfois les deux, ont subi des menaces et/ou des violences pour les y contraindre. La Déclaration universelle des droits de l'Homme considère mariage forcé, l'union de deux personnes dont l'une n'a pas donné son libre et plein consentement au mariage. De ce point de vue, il est une atteinte aux droits humains fondamentaux, notamment à la liberté et à l'intégrité physique. Cette pratique traditionnelle néfaste prive les filles de leur enfance et les expose aux violences, aux viols, aux maladies sexuellement transmissibles telles que le VIH, aux grossesses précoces non désirées et aux avortements à risque.

Ce type de mariage est pratiqué au bénéfice des adultes en cas de refus de la part de la jeune fille, généralement à cause de l'âge avancé de l'homme, ou en faveur d'un individu que la fille n'aime pas. Souvent, la véritable motivation d'un tel acte vient du père ou de la mère de la jeune fille, qui veut avoir des biens, soit pour prendre une seconde ou une troisième femme, soit pour marier une femme à son fils. Enfin, on considère aussi comme mariage forcé, celui contracté par suite d'une grossesse, le mariage par le rapt, le mariage par enlèvement, le mariage par héritage et le mariage précoce (moins de 18 ans). En effet, de nombreux mariages ont lieu à la suite des grossesses survenues en cours de cohabitation momentanée. La jeune fille, dans ce cas, rejoint l'auteur de la grossesse. Et cela est géré par le rite de purification ("poora") pour congédier le mauvais sort (cf. 2.1.8).

2.4.4. Le mariage par rapt simulé

Le mariage par rapt simulé ou par enlèvement concerté est une forme de mariage, déviante par rapport à la coutume dominante, et cependant relativement fréquente dans certaines régions d'Afrique et d'Asie. Il est assez mal désigné par ce terme car, la jeune fille est toujours au courant du projet quoiqu'elle n'en soit pas l'initiatrice. Pour Marson (2003), le rapt simulé est un moyen de l'expression du consentement de deux personnes à s'épouser. Néanmoins, il faut remarquer que le rapt simulé se produit avant l'instance du mariage. Le consentement des futurs cependant pas suffisant pour que le mariage soit consommé. La liberté prénuptiale des jeunes existant dans bien des endroits, il arrive que deux jeunes se plaisent mutuellement mais, que les parents de la jeune fille ne soient pas disposés à voir celle-ci partir. La jeune fille étant consentante, peut décider avec son soupirant de simuler un enlèvement. Ledit rapt a lieu lors d'une sortie, d'une fête, etc., alors que les parents de la jeune fille la croient en train de s'amuser. Le rapt est une stratégie matrimoniale. La place des sentiments est inexistante ou secondaire.

Dans les communautés anciennes Moussey-Mossi, était pratiqué le rapt simulé, qui intervenait seulement après les fiançailles. Cette pratique est aussi souvent utilisée par les ravisseurs pour obtenir des unions qui leur ont été refusées ou afin d'obtenir du prestige social et augmenter leurs biens. Le mariage par rapt simulé dissimulait un accord tacite des deux familles qui évitaient ainsi la dépense importante entraînée par des noces officielles et publiques. Il se déroule dans de bonnes conditions, si les parents sont informés. C'est l'astuce de plus en plus utilisée par les jeunes gens pour éviter les longues étapes et, par crainte d'un éventuel rapt par un autre prétendant. Cette pratiquement s'apparente à l'éloppement où les deux parties sont consentantes, mais diffère du mariage par enlèvement.

Les circonstances du rapt sont nombreuses, et l'entente préalable avec la jeune fille est la condition *sine qua non* de la réussite de l'opération. Si l'opération a lieu avec l'accord ou la tolérance des parents, le mariage se déroule dans de bonnes conditions. Si l'enlèvement revêt un caractère "frauduleux", c'est-à-dire sans le consentement des beaux-parents, le père ou les frères de la jeune fille, après avoir identifié son "ravisseur", l'assaillent. Dans ce cas, le ton est rarement amical, mais un terrain d'entente est toujours possible. Les conditions à remplir sont le versement de la dot et le respect des droits fondamentaux de la fille.

2.4.5. Le mariage par enlèvement non concerté

Le mariage par enlèvement non concerté est une forme de mariage forcé dans lequel la fille est enlevée à sa famille. C'est une coutume qui a lieu dans certains pays d'Asie (dans la région du Caucase) ainsi que dans certaines parties de l'Afrique, notamment le Tchad, le Burkina et le Cameroun. Cette pratique diffère de l'élopement. Paradoxalement, cette forme d'enlèvement de femmes est parfois symbolique, et atteste au contraire de la liberté individuelle des femmes. Ainsi, chez les Bwas, peuple vivant entre le Burkina Faso et le Mali, la femme s'échappe parfois du domicile conjugal pour se réfugier dans une famille alliée, qui fait semblant de la séquestrer pendant un mois tandis qu'elle feint de tenter de s'évader.

Les circonstances du rapt sont nombreuses et identiques à celles du rapt simulé. Dans la plupart des cas, les parents n'étant pas au courant, l'enlèvement peut donner lieu à des scènes de protestations qui peuvent se traduire par un refus catégorique du mariage, entraînant le retour de la jeune fille au bercail, comme tout peut s'arranger et aboutir à un accord immédiat pour la réparation du préjudice moral, subi par les parents de la jeune fille. Les coutumes Mussey/Mossi prévoient un rituel de régularisation du mariage par enlèvement que nous développerons dans nos prochaines publications. Bref, la pratique du mariage par enlèvement non concerté est souvent dénoncée par les autorités séculières car, elle transgresse l'autorité sacrée des pères et le consentement de la famille.

2.4.6. Le mariage par héritage

Le mariage par héritage est le remariage d'une veuve avec les frères ou les fils du défunt. La finalité, selon le principe du vrai lévirat, est de donner une descendance au défunt. Selon le faux lévirat, il est une responsabilité sociale pour les frères ou les fils du défunt vis-à-vis de la veuve. Enfin, c'est parce que la femme est considérée un bien à hériter.

Pour l'Homme Mussey, l'héritage (« baraw jona ») est l'ensemble de biens matériels et immatériels (vêtements, animaux, vivres, la chefferie, les relations, des dettes, etc.) et de personnes laissés par le défunt et qui sont transmis par succession à ses frères ou à ses fils. En général, ce sont les oncles paternels et l'aîné de la famille qui sont tenus d'élever et d'éduquer les orphelins : c'est une responsabilité à la fois sociale et morale. Si le défunt a laissé un fils déjà marié, celui-ci est en principe le principal héritier. Cependant, les frères du défunt peuvent imposer une conduite à tenir dans le partage. Et cela occasionne souvent des conflits pouvant conduire à d'autres morts. À l'enterrement, les dettes du défunt sont signalées pour être remboursées ou remises. Il en est de même pour ses avoirs, s'il a prêté ou gardé de l'argent, des animaux ou autres biens chez un ami, un proche ou une tierce personne.

À la mort de son père ou de son grand frère, le fils ou le frère cadet hérite des épouses de celui-ci, à l'exception bien sûr de sa mère. En règle générale, ce sont les frères du défunt qui héritent de sa ou ses femmes. Les femmes sont héritées comme des biens, quand bien même qu'elles disposent d'une liberté de choix entre les fils de leur mari et ses frères. La femme mariée très chère, constitue un "bien" qui doit rester dans la famille du défunt. Si le choix porte sur le fils et qu'il refuse d'épouser la ou les femmes de son père, celles-ci ont la liberté de se remarier avec les proches parents de leur mari. L'héritage se déroule toujours au cours d'une cérémonie appelée *Hawat jona* ou *baraw jona*.

Par fidélité à leurs us et coutumes, les Mussey s'interdisent d'interroger certains éléments culturels. Mais, nous nous sommes intéressé à l'impact de l'héritage sur la société Mussey aujourd'hui, sur fond de notre expérience personnelle. Justement, par pur malheur, nous avons perdu nos deux aînés (Loday Emmanuel, 2006 & Wandi Jean-Baptiste, 2013) qui ont laissé derrière eux quatre femmes (dont l'âge varie entre 22 et 30 ans) et une vingtaine d'orphelins. Les cérémonies d'héritage (*Baraw jona*) se sont toujours déroulées en notre absence. Toutes les veuves évoluent d'héritage en héritage sans aucune stabilité conjugale. Une d'entre elles venait de vivre un deuxième veuvage qui l'aura traumatisée profondément. De fait, faute d'avoir trouvé un héritier ordinaire (frère du défunt), le conseil familial a osé tordre le cou aux règles coutumières en confiant

90

une des veuves à notre oncle (jeune) paternel (petit frère de papa), alors que le lévirat dans la société Mussey-Mossi n'est plus en faveur de cette façon de faire. Au bout de trois (03) ans de vie conjugale, l'oncle décède et la jeune dame (25 ans) doit vivre un 2ème veuvage, puis un autre remariage. Une question s'est donc imposée à notre esprit : la mort de l'oncle est-elle la volonté du sort ou la conséquence (la limite, la désobéissance) de la décision du conseil familial ?

Aujourd'hui, disons-le avec courage, les choses ont changé. Les hommes ne veulent plus d'une femme d'héritage pour éviter de l'avoir en charge avec ses enfants. De plus en plus, les femmes scolarisées (instruites) aspirent à l'autonomie. Aussi, la situation de la femme d'héritage n'est plus bonne : elle peut passer par tous les frères de son défunt mari et peut être privée de sa liberté de choix. Sa situation n'est pas stable, au regard de l'expérience que nous venons de partager. Elle se nourrit de ce qu'on lui donne, mais non de ce qu'elle veut. Il se pose enfin un nouveau problème, celui des maladies et infections sexuellement transmissibles (SIDA, Hépatite, etc.). Peut-on penser que quand les règles essentielles de l'héritage ne sont pas respectées, il peut arriver des malheurs punitifs ?

2.5. L'analyse critique

Dans une visée éducative, on se rend vite compte que le mariage traditionnel Moussey/Mossi peut être passé au crible de la raison. Des éléments tels la pratique de la virginité féminine, le lévirat, le sororat et la dot ont tendance à priver la femme de ses droits et sont utilisés comme moyens pour la contrôler. La femme n'a pas droit de disposer de son corps en faire usage bon lui semble. Le lévirat et le sororat posent aujourd'hui des problèmes d'ordre sanitaire et social. La dot perd sa valeur symbolique et devient en quelque sorte le prix d'achat de la femme. La femme est dans ce cas achetée. Or, la dot devrait être l'expression de l'amour de l'homme pour sa femme. Verser une bonne dot est synonyme d'avoir beaucoup d'amour pour celle qu'on épouse. L'Homme Mussey/Mossi, pour avoir versé la dot sur sa femme, doit-il la réifier, la privant ainsi de ses droits et libertés fondamentaux ? Le choix de la compagne, ne respectant pas toujours la volonté du garçon, engendre souvent le risque d'instabilité du mariage ou, au pire, le divorce.

Au sujet de l'excision, certes inexistante chez les Moussey du Tchad et du Cameroun, plusieurs conventions, textes nationaux et plans d'actions internationaux l'ont condamné en tant que violation des droits de la personne humaine, des droits de l'enfant et du droit à la santé et à l'intégrité physique. Il s'agit de : i) la charte de Banjul (1984) ; ii) la convention sur les droits des femmes (1987) ; iii) la convention sur les droits des enfants (1990) ; iv) la charte africaine (1992) ; v) la convention sur les droits civils et politiques (1999) ; vi) la convention sur les droits culturels, économiques et sociaux (1999) ; vii) la charte africaine sur les droits de l'enfant (1979) ; viii) le protocole à la charte africaine des droits de l'homme et des peuples relatifs aux droits des femmes (protocole de Maputo) de 2005 ; ix) la constitution du Burkina Faso de 1991 ; la loi condamnant la pratique de l'excision (1996). En adhérant à ces différentes conventions, le Burkina Faso a fait de la lutte contre la pratique de l'excision une de ses priorités. Nous reviendrons en détail sur la polygamie, la possibilité du divorce, la pratique de l'excision et l'âge de maturité pour le mariage.

2.5.1. La polygamie et le message chrétien

Prima facie, la polygamie, quoiqu'elle soit un fait social accepté par l'homme et la femme Moussey/Mossi, comme solution à l'infertilité féminine, pourvoyeuse d'une main d'œuvre humaine et garantissant l'honneur aux chefs, demeure en opposition avec le message évangélique. S'il est vrai que dans l'Ancien Testament, on ne trouve pas de condamnation expresse de la polygamie, mais on trouve plusieurs descriptions des maux liés à cette forme d'union répandue chez les Mossi du Burkina, majoritairement musulmans. Par exemple, dans la vie de Jacob, et la manière dont son plus jeune fils, Joseph, a été malmené par ses frères et vendu comme esclave, lui qui n'était pas de la même mère. Au livre du Deutéronome, le droit concernant la royauté considère l'acquisition de nombreuses femmes par un roi comme un ferment de corruption (Dt 17, 17). Au premier livre des Rois, chapitre 11, les nombreuses femmes et concubines du roi Salomon (mille en tout) sont justement tenues pour responsables de son idolâtrie : « Il eut sept cents épouses de rang princier et trois cents épouses de second rang, et toutes ces femmes détournèrent son cœur. En effet, lorsque Salomon fut devenu vieux, ses femmes détournèrent son cœur vers des dieux étrangers, de sorte que son cœur n'appartint plus sans réserve à l'Éternel son Dieu, à la différence de David son père » (1 R 11, 3-4).

Ensuite, les chapitres 1 et 2 du livre de la Genèse expriment sans ambiguïté que la relation conjugale est une relation monogame exclusive. La volonté de Dieu pour le couple est donc ceci : « L'homme quittera son père et sa mère, et s'attachera à sa femme et ils deviendront une seule chair. » (Gn 2, 24). Ainsi, tout comme la Bible doit être rattachée à la personne et à l'œuvre de Jésus-Christ, les chrétiens doivent toujours se référer à Jésus-Christ comme point central de la révélation divine. Jésus, interrogé sur le divorce, reprend le texte de la Genèse, soulignant par cette citation que l'ordonnance de Dieu pour le couple homme-femme reste valide pour toutes les époques : « N'avez-vous pas lu dans les Écritures qu'au commencement, le Créateur a créé l'être humain, homme et femme, et qu'Il a déclaré : "C'est pourquoi l'homme quittera son père et sa mère pour s'attacher à sa femme, et les deux ne feront plus qu'un ? Que personne ne sépare donc ce que Dieu a uni » (Mt 19, 4-6). En effet, Jésus ne dit pas que : « Les trois, les quatre ou les cinq, etc. ne feront plus qu'un ».

Enfin, le Second Testament présente plus d'une fois la relation entre Jésus-Christ et son Église comme une relation entre un époux et une épouse : relation monogame caractérisée par l'amour et la fidélité (Ép. 5, 22-28 ; Ap. 19, 7-9). Quel que soit le nombre des Églises dans le monde, il n'existe qu'une seule Église universelle, qui est la fiancée attendant le retour de son fiancé. Christ n'est pas un polygame dans sa relation avec l'Église. Ceci étant, les Moussey/Mossi chrétiens doivent se référer aux principes évangéliques.

2.5.2. La possibilité du divorce chez les Moussey/Mossi et l'expérience biblique

L'indissolubilité du mariage Moussey est plus substantielle que formelle. Comme il est possible chez les Moussey/Mossi, pour des questions vitales, d'autoriser la dissolution d'une union conjugale, il l'est aussi pour le mariage chrétien, pour des cas extrêmes. Beaucoup de femmes Moussey-Mossi se sont donné la mort, parce que, impossible de quitter son foyer qu'elles ne supportent plus. Parfois, le divorce est salutaire pour la femme et pour l'homme. On comme l'impression que vraiment la loi est faite pour l'homme mais, non l'inverse. Il faut bien le rappeler que dans la première Alliance (moïsiaque), il était permis de dissoudre un mariage pour des raisons d'inconvenance (Dt 24, 1-4). Mais la seconde Alliance, christique, a mis fin à cette pratique (Mt 19, 6). Alors le mariage chez les Moussey/Mossi s'illustre bien dans cette perspective nouvelle avec le Christ et devient indissoluble. Toutefois, comme il était susdit que chez les Moussey/Mossi, le mariage scelle une alliance indissoluble (*Ndumba ni somora bay bussa*). Il est donc possible d'établir un lien avec le mariage chrétien à cause de son caractère indissoluble et au fait qu'il soit reconnu comme un sacrement par l'Église.

L'indissolubilité du mariage chrétien est le résultat d'un long processus, qui ne trouve son point d'aboutissement qu'au milieu du Moyen Âge car, jusqu'au XIIᵉ, le statut du mariage chrétien était en réalité assez flou. Les rites de formation d'un couple furent diversifiés en Europe et l'Église n'en eut pas le monopole. Les unions laïques ainsi célébrées ne sont en rien indissolubles. Elles peuvent être rompues par l'une ou l'autre des parties, qui peuvent ensuite chercher un autre compagnon ou une autre compagne. Ce fut un combat de tous les instants pour les prêtres chrétiens. Il s'agissait de convaincre la population, et surtout les chefs occidentaux, qu'il ne fallait plus changer d'épouse mais, au contraire la garder pour toute une vie, ce qui était incompréhensible pour bon nombre de peuples nordiques ou hispaniques qui pratiquaient couramment la polygamie. L'indissolubilité du mariage chrétien a posé des problèmes à un moment où l'Église avait en partie imposé sa loi. Ainsi, Philippe

Auguste (1180-1223) eut quelques soucis avec la papauté après la mort de sa première épouse et son remariage avec Ingeburge de Danemark. Le lendemain de la cérémonie et de la nuit de noces, le roi expédie sa nouvelle épouse dans un monastère et décide de faire annuler son mariage.

Pour finir, nous trouvons que le mariage chez les Moussey/Mossi porte une valeur pareille à l'expérience évangélique. Malgré l'effort d'inculturation, prophétiser sa disparition en Pays Moussey-Mossi, serait une entreprise difficile voire impossible.

2.5.3. L'âge de majorité et de maturité pour le mariage

La majorité n'est pas forcément la maturité. Un homme majeur du point de vue âge peut manquer de maturité en pensée et en actes. Par contre la maturité peut précéder la majorité. Ceci, pour dire comme Corneille (1636), « Aux âmes bien nées, la sagesse n'atteint point le nombre des années ». Le mariage suppose l'engagement des époux à fonder un foyer et à être responsables de leur propre vie et de celle de leur progéniture. Cela demande donc une maturité humaine et sociale suffisante. L'âge auquel les filles Moussey-Mossi partent généralement en mariage attire notre attention. Nous venons de voir que l'indicateur de l'âge plancher pour les filles d'aller en mariage, ce sont les seins. Et à cause de cela, c'est au tour de treize (13) et quatorze (14) ans que les filles sont généralement envoyées en mariage. Cet âge est-il vraiment signe de maturité (humaine et sociale) ? Il est vrai qu'au regard du canon 1083 au chapitre portant sur le mariage, il est comme permis pour une fille d'aller en mariage à l'âge de quatorze (14) ans accomplis : « L'homme ne peut contracter validement un mariage avant l'âge de seize (16) ans accomplis, et la femme de même avant l'âge de quatorze (14) ans accomplis ». À quatorze (14) ans, les filles sont-elles vraiment matures et capables d'assumer une responsabilité conjugale ? Envoyer une fille en mariage à 14 ans, constitue à notre avis, un mariage précoce ou forcé.

Du point de vue droit civil, l'UNICEF considère comme mariage précoce ou mariage d'enfants, une union où au moins une des personnes n'a pas encore 18 ans. Cela concerne principalement les jeunes filles dans les pays en développement, dont le Tchad, le Burkina et le Cameroun. Les conséquences de ce type de mariage sont nombreuses et peuvent être dévastatrices pour les jeunes filles, qui se retrouvent ainsi privées de la possibilité d'étudier et de gagner leur vie, mais aussi exposées aux risques de complications liées à la grossesse et l'accouchement. À entendre le sage Douksidi Jean (notre papa, septuagénaire), deux jeunes filles sur dix envoyées précocement en mariage se suicident. Donc, nous pensons que, comme le mariage forcé, le mariage précoce prive les filles de leurs droits fondamentaux. Il serait donc vital pour les Moussey/Mossi d'opérer une conversion à ce niveau, en luttant contre le mariage forcé et le mariage précoce des filles, pour le bien de celles-ci et pour l'éducation responsable de leurs progénitures.

Finalement, quoiqu'on dise, du point de vue de sa finalité et au regard de la mission que le Créateur confia au premier couple (Adam et Eve) en Genèse (chapitre 1, 28), le mariage demeure le plus sûr état qui soit au monde. Il est une nécessité pour la survie de l'espèce humaine. Il porte diverses valeurs qui sont utiles pour une éducation vertueuse aujourd'hui. Dans le 3ème chapitre de cet ouvrage, il sera question d'une présentation de quelques éléments axiologiquement éducatifs du mariage traditionnel Moussey.

Chapitre 3

Éléments axiologiquement éducatifs du mariage moussey/moaga

Ce chapitre poursuit l'objectif d'identifier des éléments caractéristiques du mariage Mussey de portée éducative. Il sera d'abord question dans le déploiement de ce chapitre de clarifier le concept central (éducation). Ensuite, il s'agira de présenter l'éducation traditionnelle en Afrique noire précoloniale, les réalités positives et les limites du mariage Mussey.

3.1. Appropriation du concept d'éducation

En Pays Moussey/Mossi, l'éducation (« wulla, gatta ») est une réalité inévitable, une structure que la société se donne pour remplir un certain nombre de fonctions, en particulier celle d'assurer sa reproduction. Elle est un devoir sacré qui incombe à tous les membres d'une famille, d'un clan ou d'une tribu. Elle est un devoir communautaire.

Selon Platon (428-327), l'éducation est la mise en contact avec les savoirs qui ne sont pas que de simples opinions, mais des opinions vraies et justifiées. Cette conception déroule, selon Essama Owono (2020), une épistémologie idéaliste. S'éduquer, c'est, selon la puissante métaphore que ce philosophe idéaliste déploie dans *La république*, échapper aux ténèbres de l'ignorance, de la doxa (opinion, croyances ou idées non objectives, au sens husserlien), des conventions et s'élever au savoir qui libère de tout cela. L'éducation est la charnière de la politique, faisant ainsi du *Livre VII* de Platon, un livre politique. L'éducation est le substratum (le fondement) de la politique, conception tout à fait opposée à celle de Blais *et al.* (2003), pour lesquels la politique est le fondement de l'éducation (pp. 28-43). Bref, l'éducation pour Platon, vise la conversion de l'âme (l'art d'aider l'individu à changer sa façon de voir).

100

Durkheim (1893/2008), dans sa définition de l'éducation, devenue célèbre, énonçait : « L'éducation est l'action exercée par les générations adultes sur celles qui ne sont pas encore mûres pour la vie sociale » (p. 8). Cela dit, elle a pour objet de susciter et de développer chez l'enfant un certain nombre d'états physiques, intellectuels et moraux que réclament de lui la société politique dans son ensemble et le milieu spécial auquel il est particulièrement destiné. En d'autres termes, l'éducation est un processus par lequel l'individu apprend tout au long de sa vie, les normes socioculturelles de son milieu, les intègre dans la structure de sa personnalité sous le regard des agents socialisateurs, et par là, s'adapte à l'environnement dans lequel il est appelé à vivre.

Pour Hossenjee (1978), le but de l'éducation est de transmettre d'une génération à la suivante, la sagesse et la connaissance que la société a accumulées, et de préparer les jeunes à leur future appartenance à la société, et à leur participation au maintien ou au développement de celle-ci (p. 41). Toutes ces clarifications ici faites, délimitent fort bien le champ de cette étude, en précisant le contenu et le contour.

3.2. Sujet et objet de l'éducation traditionnelle moussey

Chez les Moussey/Mossi d'Afrique, le sujet ordinaire de l'éducation, c'est l'adulte. Cependant, il n'est pas rare de voir des enfants s'éduquer entre eux : l'aîné(e) d'une famille est par ailleurs éducateur (ou éducatrice) extraordinaire de ses cadets. C'est l'aîné(e) qui s'occupe bien souvent des soins de ses cadets. Ces éducateurs extraordinaires peuvent jouer parfois intégralement le rôle de l'adulte. Cela nous fait penser à ce que Kant considère comme la *propédeutique à l'éducation* ou l'*éducation négative*, celle qui consiste à laisser la nature (de l'enfant) se déployer sans interférence. Bref, le sujet ordinaire de l'éducation en Pays Moussey/Moaga, c'est la génération adulte, par laquelle, il faut entendre tous les adultes de la famille, du clan, de la communauté villageoise ou de la tribu. L'éducation est donc un devoir communautaire.

Cela dit, l'homme est à la fois sujet et objet de l'éducation. Autrement dit, l'éducation est le propre de l'homme. L'objet de l'éducation est ici l'humanité ; une humanité qui n'est pas toute faite donnée à la naissance. L'objet spécifique de l'éducation, c'est la jeune génération dans son individualité tournée vers la société.

3.3. Finalité de l'éducation traditionnelle moussey

L'idéal de toute éducation est, pense Kamara (2007), « la transmission par un peuple de sa civilisation d'une génération à une autre [...] Cette activité place au premier plan la qualité holistique de l'éducation en mettant en relief ses valeurs conscientes et inconscientes, matérielles et spirituelles, morales et intellectuelles » (p. 1). Ceci dit, « tout mode de vie et de pensée, qu'il soit plus communautariste ou plus individualiste, est soutenu par une manière spécifique d'encadrer les populations, d'éduquer les enfants et les jeunes » (Paré-Kaboré, 2013, p. 20). Qu'elle soit traditionnelle, progressiste ou moderne, l'éducation porte un souci majeur, celui de transmettre quelque chose aux jeunes générations. Ce souci n'appartient pas seulement aux époques révolues, on le retrouve dans les structures éducatives actuelles, dites modernes. L'être humain, à la naissance, a une nature incomplète, comparé au poussin qui, dès sa naissance, a une nature complète. Cependant, par rapport à un chiot, l'enfant est porteur des spécificités humaines. Il est, selon les termes de Mvogo (2002), « apte au langage, à la culture, à toutes ces choses qui définissent et singularisent l'humanité. Le fœtus d'une chienne gestante est porteur de spécificités canines et celui d'une femme enceinte, de spécificités humaines. Rien, dans leur évolution, leur développement, ne pourra inverser cet état de choses (p. 100). Pour l'homme Moussey/Moaga, l'éducation vise la formation de l'individu dans son intégralité. L'individu est éduqué non pour soi-même, mais en vue de vivre en société.

Pour Durkheim, l'éducation vise la socialisation méthodique de la jeune génération, qui consiste à réaliser une synthèse entre « l'être individuel (et) le système d'idées, de sentiments, d'habitudes qui expriment en nous (...) le groupe ou les groupes différents dont nous faisons partie ». L'école a pour finalité de produire les individus socialisés à travers une éducation morale visant à former des acteurs adaptés à des conditions sociales données, et les individus autonomes, des citoyens capables de s'élever vers la culture de la grande société. L'éducation durkheimienne prend en compte l'autonomie de l'individu ; elle n'est pas l'uniformité, sinon les individualités allaient disparaître. Bref, pour Durkheim, l'éducation est sociale, collective.

Pour sa part, Kant, dans *Réflexions sur l'Éducation* (1803), s'emploie à expliquer que la finalité de l'éducation est l'individualité. L'éducation doit amener l'individu à apprendre à penser par soi-même. Cette finalité est à la fois métaphysique, sociologique et morale. Elle est un projet visant à opérer un passage de l'animalité à l'humanité, de l'instinct à la raison, de la corruption à la victoire sur la corruption. L'éducation pour

Kant, c'est le soin, la discipline et l'instruction. Ces trois activités sont consécutives. L'homme est à la fois, un objet, un moyen et une fin. L'homme, parce qu'il n'est pas achevé par la nature, doit être éduqué sous peine de mourir. En somme, l'éducation pour Kant vise l'émancipation morale. C'est la moralisation, comprise ici comme passage de l'animalité à l'humanité, la quête de l'humanité. L'humanité, c'est penser par soi-même, c'est la libération de la tutelle. L'animalité, c'est vivre sous contrainte (de la nature, de la voix de Dieu).

Il est curieux de savoir que, pour les philosophes des *Lumières* (dont Kant), Dieu est un vice dont l'individu doit s'émanciper pour être libre. Selon la simple raison, l'homme de la Bible (Gn 1 et 2), d'après Kant, n'est pas libre. Il est un animal vivant sous la voix de Dieu. L'intervention du serpent en Genèse (chapitre 3) est une action qui a une portée éducative car, elle a permis à l'homme de s'affranchir de la voix de Dieu et être libre.

Plus loin de nous, Platon, dans *La République (Livre VII)*, considère comme finalité de l'éducation, la sortie de l'ignorance, qui exige un effort de l'individu. Autrement dit, l'éducation vise la conversion de l'âme, qui suppose les préjugés, la croyance (qui constituent l'ignorance). Cette conversion est un effort personnel, symbolisé par une double souffrance (p. 276). De manière spécifique, Platon propose une éducation qui vise la bonne gouvernance garantie par la compétence et l'autorité. Cette finalité spécifique vise à renforcer les liens de l'État. Les philosophes purs, c'est-à-dire formés par eux-mêmes, ne peuvent pas gouverner la cité. Ils ont la compétence, mais non l'autorité. Le roi a l'autorité, mais non la compétence. C'est pourquoi, dit Platon, la bonne gouvernance de la cité exige à ce que les philosophes deviennent des rois ou les rois, des philosophes. Pour lui encore, l'éducation a pour finalités d'accéder aux essences, au Bien (de lui que viennent toutes choses) d'une part et, d'autre part, de corriger et revitaliser le régime athénien en rendant possible la préservation, dans la cité, de la justice. Bref, la finalité générale de l'éducation est la conversion de l'âme.

À travers la grande variété ethnique des peuples d'Afrique et des formes de leur organisation sociale, reflétant une différenciation dans le niveau de développement économique, politique et social atteint avant la conquête coloniale, on retrouve dans le domaine de l'éducation un certain nombre de traits généraux et communs, « manifestation incontestable d'une communauté de culture chez les peuples africains » (Abdou, 1998, p. 19). Ainsi, dans tous les clans, tribus et groupements ethniques d'Afrique noire, l'éducation traditionnelle est caractérisée par : i) la grande importance qui lui est accordée et son caractère collectif et social ; ii) le lien intime de celle-ci avec la vie sociale aussi bien sur le plan matériel que spirituel ; iii) Son caractère polyvalent (tous les aspects de la personnalité sont visés en même temps), aussi bien en ce qui concerne les objectifs visés que les moyens employés ; iv) Sa réalisation progressive et graduelle, conformément aux étapes successives de l'évolution physique, psychique et mentale de l'enfant.

3.4. Éducation vertueuse

L'éducation, estime Mvogo (2002, p. 100), est une question de valeurs, de procédés, de techniques et de méthodes. L'éducation vertueuse serait donc, pour reprendre Kamara (2007), celle qui assure l'acquisition d'un ensemble de valeurs conscientes et inconscientes, matérielles et spirituelles, morales et intellectuelles, de savoirs et de pratiques dont l'objet est le développement de l'être humain et de la société. L'éducation de qualité selon Platon, serait celle qui débouche sur la moralisation et la contemplation des idées. Les mieux éduqués sont ceux et celles qui seront responsables de l'organisation de la cité : ce qui est la fonction des philosophes-rois. Il s'agit par ailleurs d'une éducation supérieure qui amène à construire un être moralement juste qui pourra alors s'épanouir dans la cité tout en participant à la moralité de celle-ci. Isocrate (436-338), dans sa vision de l'éducation plus pragmatique, propose une éducation qui s'articule autour du concept de *politéian*, par quoi, il entend le politique, le religieux et l'économie. Le contenu de l'éducation est donc subordonné à la forme de *politeian* en vigueur dans la société. Dans *La République*, Platon soutient qu'on ne peut éduquer sans préalablement fixer un *télos* (une finalité) à l'éducation. Au total, l'éducation de qualité aujourd'hui serait davantage axiologique. Elle doit en particulier intégrer l'équité et la justice sociale. Mieux, elle doit opérer quelques conversions : éthiques, morales, écologiques, anthropologiques et esthétiques.

3.5. Réalités à portée éducative dans le mariage mussey

La famille, au sens strict moussey, désigne l'union hétérosexuelle. Elle est l'unité sociétale, investie d'une mission génératrice et reproductrice (non destructrice) de la vie. Selon la déclaration sur l'éducation chrétienne, *Gravissimum Educationis* (Extrême importance de l'éducation), du IIème concile œcuménique du Vatican, la famille est la première école des vertus sociales nécessaires à toute société (Pape Paul VI, 1965, §3). Pour nous reprendre, Claude-Lévi Strauss (1949) la présente comme étant une structure de relations organisée de sorte que chacun de ses membres ait un rôle attitré par rapport aux autres (père, mère, enfants, oncles et tantes, grands-parents). Il définit par ailleurs le mariage comme la rencontre entre la nature et la culture, entre l'alliance et la parenté. Cette rencontre a pour vocation de perpétuer la famille avec la naissance d'enfants, et en même temps, elle engendre une nouvelle structure de parenté. La famille est la première institution éducative suivie de l'école et de l'université et la société (éducation incidente).

Assurant la survie de l'espèce humaine et reconnu comme l'une des étapes de socialisation des jeunes générations, le mariage en Pays Mussey regorge de nombreux éléments ayant une portée éducative avérée : le sens du sacré, l'importance accordée à la vie, l'amour pérenne, la santé, la liberté, la fidélité, la fécondité, le bonheur, la sérénité, la stabilité, la continence, la gestion des difficultés, la responsabilité parentale, l'amitié, la protection sociale, la solidarité et l'unité. Nous allons présenter quelques-uns.

3.5.1. Le sens de la fraternité et de l'amitié

La fraternité et l'amitié sont deux concepts qui constituent les fins spécifiques du mariage et traduisent la parenté moussey. La fraternité moussey se comprend à deux niveaux : premièrement, intra-familial, intra-clanique et intra-groupal. Ensuite, inter-familial, inter-clanique et inter-groupal. Le peuple Bananna (ami) est structuré en groupes ou lignages qui, jadis, se gérèrent de façon autonome, mais entretinrent curieusement entre eux des rapports parfois conflictuels. C'est pourquoi chaque groupe se dit « bananna », c'est-à-dire ami, pour entretenir l'unité entre les différents lignages et ainsi éviter les conflits. « Chaque groupe définit sa façon de parler en se référant à son ancêtre » (Bertoni, 2018, p. 18), organisant par le fait les différents dialectes de cette langue. Le Moussey est identifiable par son attitude très courtoise. Tout visiteur en Pays Moussey est automatiquement considéré comme un ami.

L'amitié, *banara* (en moussey), est un concept de portée supra-fraternelle dans la vie d'un Moussey. En général, tous se considèrent comme Bananna (amis). À titre d'exemple, lorsqu'un visiteur arrive chez un homme marié qui n'a qu'une seule case, il la lui cédera pour le couchage et se cherchera un endroit ailleurs. Aussi, la femme Moussey, en faisant sa cuisine, prévoit et garde toujours une part pour les voyageurs diurnambules que noctambules. Cela est une réalité fascinante chez les Moussey. L'homme Moussey va jusqu'à dire que l'amitié dépasse la fraternité biologique (« Banannara daŋ waya sura »). Il vit donc selon l'esprit de l'un des objectifs du mariage, la création ou la consolidation des liens d'amitié entre clans.

Les Moussey ont donc accueilli avec joie, l'appel du pape François, à cultiver conjointement la fraternité universelle et l'amitié sociale, thématique à laquelle il a consacré sa plume (*Fratelli tutti*, 2020). Pour Joël Molinario, directeur de l'Institut supérieur de pastorale catéchétique (ISPC) de l'Institut catholique de Paris, la fraternité dont parle cette encyclique est une pratique sociale de construction de l'universel. Il estime que l'universalité n'est pas une donnée abstraite s'imposant à tous les hommes par une volonté politique et culturelle, comme ce fut trop le cas dans l'histoire où l'universalité s'est imposée comme la loi des vainqueurs politiques et des dominants culturels.

Pour sa part, Madame Anna Rowlands, professeur de pensée sociale catholique à l'Université britannique de Durham, lors de la présentation de cette encyclique, relève quelques manquements à la fraternité universelle et à l'amitié sociale en ces termes :

> La mondialisation proclame des valeurs universelles mais ne cultive pas l'attention à l'autre. (…) Les technologies numériques font le commerce de notre soif de connexion, mais elles la déforment. (…) Le populisme fait appel au désir de stabilité, d'enracinement et de travail gratifiant, mais il laisse la haine déformer ces désirs. (…) Le libéralisme imagine une liberté seulement structurée à partir de l'intérêt particulier de l'individu et ne prend pas en considération la profonde interconnexion de nos vies.

Nous nous rendons bien compte que la fraternité et l'amitié que génère le mariage sont des biens universels chers à l'humanité. Pour les Moussey, et selon le souhait du pape François, fraternité universelle et amitié sociale doivent être cultivées conjointement. En somme, « Seule la fraternité permet de tenir ensemble l'égal respect dû à chaque membre du pacte social et la prise en compte de ce qu'a d'incomparable et d'insubstituable toute personne humaine » (Caron, 2016).

3.5.2. Le sens de la paix

La paix, *heppa* (en bananna), est une denrée rare pour l'homme moussey. Autrefois de redoutés guerriers, les Moussey vécurent des conflits parfois sanglants entre les différents lignages et avec d'autres tribus. Lorsque leur sécurité est mise en danger, ils sont prêts à tout : y compris mourir. Pour le Bananna, il est conseillé de mourir que de vivre sous une pluie de honte : *Zolona daŋ matna*. Pour faire ramener la paix dans les esprits et autour d'eux, ils durent se considérer comme des amis : d'où la dénomination *Bananna*. La femme moussey est une missionnaire de la paix dans le clan de son mari. Beaucoup de filles moussey portent le nom de *Heppa*. C'est pourquoi il est assigné au mariage des finalités spécifiques telles l'amitié, l'alliance et la paix.

On constate alors que la paix est la préoccupation de l'humanité aujourd'hui en ébullition. Une journée internationale lui est dédiée, le 21 septembre. Cette journée internationale est une occasion importante pour l'humanité de défendre la paix en tant que valeur unique et d'exprimer un engagement inconditionnel en sa faveur et par-dessus toutes les différences. Le mariage est donc un havre de paix, un lieu par excellence où l'on doit apprendre aux jeunes générations d'aimer la paix, de vivre en concorde. Et cela, les Moussey le comprirent plus tôt.

3.5.3. Le sens du sacré dans le mariage chez les Mussey

Étymologiquement, la notion de sacré dérive de l'adjectif latin *sacer* (« ce qui ne peut être touché sans être souillé »), ou du verbe *sancire* (« délimiter, prescrire »). En anthropologie culturelle, la notion de sacré permet à une société humaine de créer une séparation ou une opposition axiologique entre les différents éléments qui composent, définissent ou représentent son monde : objets, actes, espaces, parties du corps, valeurs, etc. Il comprend ce qui est situé en dehors des choses ordinaires, banales, communes et s'oppose essentiellement au profane. Le sacré a toujours une origine naissant d'une tradition ethnique et qui peut être mythologique, religieuse ou idéologique (non religieuse).

En philosophie, le sacré désigne ce qui est inaccessible, indisponible, mis hors du monde normal, et peut être objet de dévotion et de peur. Il figure la croyance de l'homme en un principe supérieur, celui du monde non intelligible. Il s'enfonce dans les profondeurs du passé humain, où prennent naissance la magie, les mythes et les religions.

Ainsi le sens du sacré dans le mariage est-il une caractéristique indéniable chez les Mussey/Mossi. L'Homme Mussey/Moaga fait référence au monde de ses ancêtres et donc à la sphère divine. Il croit en l'au-delà et à la continuation de la vie en compagnie des ancêtres. La famille Mussey/Moaga est composée des vivants et des morts (ancêtres) qui intercèdent pour leurs descendants et leur indiquent le droit chemin à suivre. Telles quelles ont été sus-présentées, les bénédictions qui suivent le versement de la dot concluent tout le processus dynamique du mariage, consacrent le mariage et les jeunes époux, sont le signe de la sacralité de l'alliance. L'exogamie et la prohibition de l'inceste, normes inhérentes au mariage, déclinent le visage du sacré. Bref, le peuple Mussey, profondément croyant, aspire à la communion totale avec ses ancêtres, donc avec son Créateur. Le mariage Mussey/Moaga gardera pour longtemps voire éternellement son caractère sacré.

3.5.4. L'importance accordée à la vie

Nous nous reprenons en disant que la finalité du mariage chez les Mussey et d'autres groupes sociaux en Afrique, c'est la procréation. Pour Sourou (2009), l'enfant est porteur de toute la richesse de la famille et de la stabilité du mariage. La stérilité, les morts infantiles sont souvent des causes de polygamie ou de séparation (p. 95). L'enfant renforce l'amour des époux, assure la survie du clan et stabilise le mariage. Bref, le mariage est porteur de vie et continuation de la lignée.

111

Aujourd'hui, nous assistons à de nouvelles formes de mariage, opposant parfois violemment certains groupes culturels à d'autres. Le mariage ne désigne plus uniquement l'union hétérosexuelle, mais l'union de deux individus du même sexe, rendant incompréhensible la finalité de cet acte voulu par la nature. Nous considérons cela comme la pire des déviances que l'humanité ait connues. N'assiste-t-on pas à un accident culturel ou un déclin civilisationnel ? Pourquoi veut-on naturaliser ce qui ne l'est pas ? N'est-on pas en train de jouer avec le feu du démon ? Ou bien, de qui se moque-t-on ? À voir parfois les sectes politiques et les lobbies derrière ou encourageant cette tendance malheureuse, l'on se demande si l'humanité n'est pas en perte de ses valeurs éthiques ?

3.5.5. Le mariage, gage d'alliance et de solidarité

Le mariage, non seulement qu'il assure la survie du clan ou du groupe social, scelle l'alliance entre deux familles, pacifie les relations et renforce les liens d'amitié. Chez les Mussey, il est d'abord et avant tout une alliance entre deux familles. L'alliance intervenue dans le mariage renforce la solidarité. On communie à tous les événements, heureux et malheureux. Dans le cadre éducatif, « la solidarité est à promouvoir et à enseigner aux nouvelles générations afin que, demeurant fidèles à leur identité culturelle, elles éloignent les insinuations à l'individualisme, et tiennent ouvert leurs cœurs à la charité » (Sourou, 2009, p. 100). Le mariage demeure le ciment social. Mais comme les autres éléments culturels, il présente des limites qu'il importe de souligner. En parlant particulièrement de la solidarité, il faut noter qu'en ce qui concerne le mariage, c'est tout le clan qui est concerné. Le clan a le devoir de marier le jeune garçon dont les ressources sont insuffisantes. Ceci engage l'honneur du clan et évite le concubinage.

3.5.6. La parentalité responsable

Rappelons qu'en pays Mussey, le mariage vise l'engendrement des enfants et leur éducation. Le sens de responsabilité y est donc de mise. Les mariés sont tenus de fortifier la communauté villageoise et participer au développement de celle-ci. Ils doivent la défendre en cas d'agression extérieure. Les mariés portent le poids de la communauté villageoise. Aux parents incombe le devoir sacré d'élever les enfants en les instruisant selon la sagesse, les normes et règles Mussey. Ce devoir de responsabilité des adultes envers les jeunes générations, c'est ce que Durkheim appelle la socialisation des jeunes. Les enfants sont « un héritage de l'Éternel » (Ps 127, 3) dont les adultes ont le sacré devoir de prendre soin. Les mariés doivent considérer leurs enfants comme des dons de *Lona* (Créateur), et doivent s'engager à faire de leur foyer un endroit où aimer, instruire et éduquer leurs fils et leurs filles. La responsabilité des mariés concerne non seulement le bien-être de leur union, mais également le soin attentif des enfants et de toute la communauté villageoise ou clanique.

3.5.7. La fidélité, la fécondité et l'amour pérenne

D'après le dictionnaire français *Larousse*, la fidélité désigne la qualité de quelqu'un qui est fidèle, dévoué, attaché à quelque chose, à quelqu'un ou à un principe. Pour les membres d'un couple marié, la fidélité (conjugale) consisterait à considérer son conjoint comme le partenaire privilégié de sa vie privée et son seul partenaire sexuel pendant toute la durée du mariage. La fidélité, selon Comte-Sponville (1999), est ce par quoi, ce pour quoi il y a valeurs et vertus. À cette notion, on peut associer l'abstinence, la continence ou la chasteté. La fidélité peut renvoyer à la maîtrise de soi et à la tempérance, des vertus qui ont été valorisées dans les sociétés antiques. Xénophon et surtout Isocrate soutinrent que ces qualités permettent de distinguer le chef et de l'offrir à l'amour de tous. Pour les Mussey, la fidélité est un bien qui honore en particulier la femme et toute sa famille. Ils accordent un espace important dans le programme de formation de la jeune fille ; d'où la pratique du test de la virginité féminine chez les Mussey est demeurée pendant des siècles en vigueur. Elle pourrait être comparée à une sorte d'évaluation certifiante.

Ensuite, le mariage est censé être une relation aimante, permanente et harmonieuse entre un homme et une femme. Afin d'honorer leur union, les époux se doivent mutuellement amour, respect et dévouement. La fidélité et la fécondité renforcent l'amour mutuel. Il est vrai que dans les sociétés très anciennes moussey, ce n'est pas tant l'amour (au sens actuel) qui est considéré dans le mariage, mais la procréation et la recherche de la paix.

Enfin, la fécondité est porteuse de la finalité générale du mariage : la procréation ou l'engendrement. Pour l'homme, la fécondité d'une femme se mesure par le nombre d'enfants qu'elle offre à la famille et qui grandissent. Plus une femme a des enfants, mieux elle est considérée comme féconde et par conséquent une bonne femme. Ne pas donner des enfants peut pousser le mari à prendre une autre femme, ou au pire des cas, provoquer la dissolution du mariage. Ce qui peut sauver dans des cas pareils, c'est le véritable amour entre les époux. *In fine*, la fécondité assure la stabilité du mariage.

3.6. Perspectives

L'Afrique d'aujourd'hui a besoin d'un modèle éducatif qui soit à même de générer une masse critique du capital humain et ainsi porter son développement socio-économique à un niveau acceptable. Un modèle éducatif appelé à être effectivement efficace, efficient et résilient, fondé sur les valeurs dont ce vieux continent a besoin et qui étaient autrefois les siennes. La finalité de l'éducation africaine doit émaner de l'intérieur, c'est-à-dire des besoins endogènes, mais non de l'extérieur. Ainsi, pour permettre aux citoyens africains de demain à mieux relever les défis auxquels ils feront face, c'est-à-dire le défi d'une société pluraliste où chacun à sa place, le défi de l'accessibilité à un marché du savoir en perpétuel changement et le défi de la globalisation des économies, une réforme significative doit être faite. Il s'agit d'une triple orientation se dégageant des réflexions sur les nouveaux besoins de formation telles qu'une formation globale et diversifiée, une formation à long terme et une formation ouverte sur le monde.

Par ailleurs, on est d'accord aujourd'hui que les grandes tendances dont il faut tenir compte sont assez explicites : l'internationalisation, explosion des connaissances, le développement accéléré des technologies et la complexité de la vie en société. Et c'est dans ces conditions que l'école africaine doit accomplir sa triple mission traditionnelle : socialiser, instruire et qualifier.

En tant que processus de socialisation méthodique, l'éducation doit jouer un rôle d'agent de cohésion en contribuant à l'apprentissage du vivre ensemble et au développement du sentiment d'appartenance à la collectivité. C'est à l'école de transmettre le patrimoine des savoirs communs, de promouvoir des valeurs à la base de sa démocratie et de préparer les jeunes à devenir des citoyens responsables et se considérer comme des vrais frères et amis. L'école en Afrique doit chercher à prévenir les risques d'exclusion qui compromettent l'avenir de trop de jeunes. La socialisation ne doit pas minimiser les individualités, comme le suggère Durkheim. Il faut donc montrer aux jeunes qu'il n'y a pas opposition entre autonomie et qualité sociale. En classe, l'enseignant doit rester attentif à l'ensemble de relations d'échange, de dénomination et d'identification, qui lient les élèves entre eux ou qui le lient au groupe.

L'instruction doit s'adapter aux réalités locales et aux mutations socio-culturelles. Son succès est étroitement lié aux contenus des programmes et aux avancées technologiques, scientifiques et humaines. Il faut une formation globale et diversifiée, une éducation axée sur les savoirs locaux. Le fait d'étudier dans une langue exogène, limite l'appropriation complète des savoirs par les élèves. D'où les efforts pour introduire les langues locales dans les programmes. L'UNESCO demande d'intégrer les savoirs locaux aux programmes. Les savoirs doivent être contextualisés et proches de l'élève. Comment pourrait-on maîtriser des savoirs locaux dans une langue étrangère et avec des concepts exogènes ?

L'école a le devoir de rendre possible la réussite scolaire pour tous les élèves et de faciliter leur intégration sociale et professionnelle, quelle que soit la voie qu'ils choisissent ou choisiront au terme de leur parcours. Les établissements doivent offrir à chaque élève un environnement éducatif adapté à ses intérêts, à ses aptitudes et à ses besoins en différenciant la pédagogie et en offrant une plus grande diversification des parcours scolaires.

La mission de l'école africaine aujourd'hui doit être celle de préparer les jeunes à accepter la pluralité et la diversité de demain. L'école compte parmi les lieux importants de transmission des acquis de la société entre générations. La société africaine d'aujourd'hui est une société dans laquelle chacun a ses idéologies, sa politique, sa religion. L'école africaine aujourd'hui doit donc relever les défis d'une société pluraliste, d'accessibilité à un marché de savoirs en perpétuel changement et de la globalisation des économies.

Quel type d'école pour quel type d'Africains ? Chaque État africain doit redéfinir un système de valeurs en vue d'un projet éducatif qui puisse dessiner le type d'Hommes désirés et la société dont ces Hommes sont à la fois produits et acteur. Pour Bikoï (2020), trois types de sociétés constituent le modèle :

Une société plus large et plus intégrée : celle qui dépasse les regroupements traditionnels qu'ils soient économiques ou politiques. Cela renforcerait les réseaux de solidarité qui permettent d'atténuer les inégalités. Dans ce type de société intégrée, l'accent est aussi mis sur la langue pour que l'enfant se sente dans le milieu où il est ;

Une société pluraliste : c'est celle qui reconnaît les spécificités nationales et régionales et qui entend préserver toutes les originalités, toutes les spécificités. La pluralité n'est en contradiction avec la démarche d'intégration ;

Une société égalitariste : c'est une société dans laquelle l'exigence de solidarité s'impose et les sacrifices pour aider les moins nantis est une obligation nationale. C'est une société où l'empathie est très développée, chaque vie est utile ; l'homme est une fin et non un moyen.

Ce qui précède permet d'envisager l'homme qui pourra construire la société que nous venons de décrire. Cela ferait partie de l'élaboration de tout projet éducatif. Il s'agira de définir le type d'homme avant de construire le modèle éducatif correspondant à la société considérée comme modèle. De façon générale, estime Bikoï (2020), le modèle est le suivant :

- ✓ Un homme épanoui physiquement et intellectuellement : physiquement parce que le développement et l'équilibre corporels sont une condition pour être bien dans sa peau. Un homme épanoui intellectuellement ou cultivé est capable d'exploiter d'une façon originale certains instruments, connaît, comprend et pense mieux le monde ;

- ✓ Un homme autonome, créatif et socialement intégré : autonome signifie, une vie affective plus riche et mieux maîtrisée. Et créatif, pour dire capable d'innovation permanente ;

- ✓ Un homme réel ou une image cible : c'est-à-dire qui est maître de lui-même, ouvert à tous les échanges, critique et non conformiste, capable de dire non, inséré dans son époque, insatisfait et constamment en quête de dépassement. Cet homme est donc capable de se remettre continuellement en question, de douter et de ne prendre rien pour acquis.

Conclusion

Cet exercice heuristique a permis de faire connaissance avec le peuple Mussey et d'explorer sa culture. À l'ère de la mondialisation marquée par d'importants et inquiétants mouvements démographiques, d'échanges culturels et la construction d'un nouvel ordre éducatif mondial, il nous a semblé urgent d'interroger les pratiques pédagogiques africaines sur leur participation à une éducation axiologique aujourd'hui et sur leur participation à la marche de l'Humanité vers l'Universel. La culture, ensemble normatif et descriptif de manières et façons de faire, de penser et d'agir, transmis par apprentissage de génération en génération, doit être présente à ce rendez-vous mondial du donner et du recevoir.

Le mariage traditionnel africain, étape de socialisation des jeunes générations, est riche en éléments axiologiques. Il est pour la communauté Mussey une étape décisive de socialisation et de responsabilisation de l'individu. Plus qu'un processus d'union d'un homme et d'une (ou de plusieurs) femme(s), il est un ciment social qui unit plusieurs familles ou clans, pour renforcer des liens d'amitié ou nouer des alliances. Il assure par ailleurs la survie du groupe et de sa culture, en étant régi par des principes solides tels la patrilinéarité, l'observance de l'exogamie, la pratique du lévirat et du sororat. Il porte enfin diverses valeurs éducatives telles la solidarité, l'amour, la liberté, la fidélité, la fécondité, la continence, la gestion des difficultés, la responsabilité, l'amitié, la protection sociale et l'unité, dont la pertinence n'est plus à démontrer.

Les pratiques du lévirat et du sororat, malgré leur portée sociale, sont à repenser. Il en est de même pour la dot et le mariage par héritage sur fond du vrai lévirat et par échange qui réifient la femme en la privant de ses droits fondamentaux. Il est de notre devoir, en tant que professionnel et penseur de l'éducation, d'interroger ces pratiques. Nous pensons qu'il est urgent pour les Peuples Mussey-Mossi d'opérer une série des conversions : éthique, esthétiques, écologiques, anthropologiques. Il ne s'agit pas d'épouser les cultures d'ailleurs, mais de rationnaliser quelque peu certaines pratiques qui font le mariage. L'éducation cherche à humaniser l'homme, mais non à le réifier.

L'école africaine doit assumer un nouveau devoir qui s'impose à elle : celui de former un capital humain et participer à l'économie des pays africains. Tout le monde semble aujourd'hui admettre qu'il existe une relation entre système éducatif et croissance économique. Il faut donc que les nations africaines soient fortes pour donner aux enfants, au-delà des différences et des fractures ethniques, une culture, un langage commun en essayant progressivement d'instaurer le principe d'une citoyenneté fondée sur la transmission d'un certain nombre de valeurs communes et la constitution d'une mémoire culturelle. L'Afrique doit repenser l'éducation de ses enfants. Il ne s'agit pas de continuer à utiliser l'héritage éducatif colonial, mais de vivre par elle et pour elle. Comment éduquer selon des valeurs endogènes sans endoctriner, en sachant que le plus grand danger qui menace l'éducation aujourd'hui, c'est l'indifférence ou la démission de tous ceux qui devraient « éduquer » ? Reste à déterminer « ce qui vaut la peine d'être enseigné ». À cette interrogation, Reboul (1987) répond : « Ce qui unit est ce qui libère » (p. 24).

Références bibliographiques

Abdou, M. (1998). *L'éducation en Afrique*. Paris : Présence africaine.

Alain, M. (2007). Communauté, individualisme, communautarisme : hypothèses anthropologiques sur quelques paradoxes africains. *Sociologie et sociétés, 39*(2).

Auffret, S. (1982). *Des couteaux contre les femmes*. Paris : Grasset.

Badini, A. (1994). *Naître et grandir chez les Moosé traditionnels*. Paris : Les éditions du cerf.

Bastide, R., « Polygamie », *Encyclopædia Universalis* [en ligne], consulté le 02/03/23. URL :

Belkis, G. (1981). *Excision en Afrique*. Dakar : AAWORD/AFARD.

Bertoni, M. (2018). *La culture Mussey (Tchad), Naissance, mariage et funérailles*. Paris : L'Harmattan.

Bikoï, N. (2020). *Cours de l'éducation et société*, Université de Yaoundé 1, FSE, *sine die*.

Binet, J. (1959). *Le mariage en Afrique noire*. Paris IIème : Les éditions du cerf.

Caron, J. (2016). Préparer une société fraternelle, une mission pour l'école ?. *Revue Projet, 3*(352), 6-13.

Comte-Sponville, A. (1999). *Petit traité des grandes vertus*. Paris : PUF.

Constitution de 1996 du Cameroun, Loi n°96/06 du 18 janvier 1996 qui prévoyant la décentralisation administrative.

De Garine (1975). *Contribution à l'ethnozoologie du cheval chez les Mussey (Tchad et Cameroun)*, Institut international d'ethnosciences, Paris, (extrait de *L'Homme et l'animal, Iᵉ colloque d'ethnozoologie*, p. 505-520).

De Garine (2008). *Initiation : rites de passage chez les Mussey, Tchad-Cameroun, résumée, Meudon*. Paris : CNRS Images (éd., distrib).

Décret n°1072/PR/PM/MAT/2010 du 13 décembre 2010 [archive].

Décret n°1156/PR/PM/MISP/2008 du 9 octobre 2008.

Décret n°355/PR/MISD/99 portant création des départements du 1ᵉʳ septembre 1999.

Décret n°415/PR/MAT/02 portant création et réorganisation des départements du 17 octobre 2002.

Devey, M. (2004). « Polygamie hors la loi », *Jeune Afrique*.

Dictionnaire de la langue Mussey, 5ᵉᵐᵉ éd. (2006). Gounou-Gaya (Tchad).

Dictionnaire Petit Robert (2019). Paris : Edition Le Robert.

Eliade, M. (1959). *Initiation, rites, sociétés secrètes*. Paris : Gallimard.

Elungu P.E., A. (1987). *Tradition africaine et rationalité moderne*. Paris : L'Harmattan.

Enfance-Majuscule, « Excision », *Enfance-majuscule* [en ligne], consulté le 24/01/2023. URL : http://enfance-majuscule.fr/histoire-de-lexcision.

Essama Owono, S. (2020). Les idées philosophiques de l'éducation. Cours de Licence III, philosophie. UCAC. Inédit.

Granet, M. (1920). *La Polygynie sororale et le sororat dans la Chine féodale*, Paris : Ernest Leroux.

Guyot-Sionnest, O. (1983). *Recueil des proverbes Mussey*. Domo-Dambali : Mission catholique (Gounou-Gaya/Tchad).

Hosken, F. et Erlich, M. (1986). *La femme blessée : essai sur les mutilations sexuelles féminines*. Paris : L'Harmattan.

Hossenjee, E. (1978). *Philosophy of Education: Plato to Freire*. Port Louis : MU.

https://www.universalis.fr/encyclopedie/polygamie/7-levirat-et-sororat/.

Izard, M. et KI –Zerbo, J. (1998). « Du Niger à la Volta », dans Histoire générale de l'Afrique, tome 5 : L'Afrique du XVIè au XVIIIè siècles (S/D B.A.OGOT). Paris : édition abrégée.

Kahn, P. et al. (1990). *L'éducation, approches philosophiques*. Paris : PUF.

Kamara, M. (2007). « Éducation et conquête coloniale en Afrique francophone subsaharienne », *Erudit.org* [en ligne], consulté le 12/11/22. URL :

https://www.erudit.org/fr/revues/mje/2013-v48-n1-mje0830/1018399ar.pdf.

Ki-zerbo, J. (1986). Histoire générale de l'Afrique. Vol. 1 : méthodologie et préhistoire africaine. Paris : Edition abrégée, Présence africaine/ Edicef/ Unesco.

Legendre, R. (2005). *Dictionnaire actuel de l'éducation* (3ème éd.). Montréal : Guérin.

Leguy, C. (2011). Que disent les noms-messages ?. *L'Homme,* n°197, 71-92.

Lepidi, P. (2020). « Thomas Sankara, le féministe », *Wikimonde.com* [en ligne], consulté le 11/11/22. URL : https://wikimonde.com/article/Condition_des_femmes_au_Burkina_Faso.

Lévi-Strauss, C. (1958). *Anthropologie structurale.* Paris : Plon.

Lévi-Strauss, C. (1947). Les structures élémentaires de la *parenté (1re édition, 1947).* Paris, La Haye : Mouton et Maison des sciences de l'Homme.

Linton, R. (1986). *Le fondement culturel de la personnalité.* Paris : Dunod.

Louatron, J. (1970). *Wakonga, femme prestigieuse de Holom : Une année de la vie d'une « possédée » Mussey (au Tchad).* Paris : L'Harmattan.

Louatron, J. (1977). *Le pouvoir de la terre chez les Musey (Tchad).* Paris : École des hautes études en sciences sociales.

Louatron, J. (1998). *Mbassa et Fulna : les cultes claniques chez les Mussey du Tchad (approche ethnographique)*, EPHE, Paris, 1998, 442 p. (thèse de Sciences religieuses).

Lowie, R. H. (1936). *Manuel d'anthropologie culturelle*, trad. par E. Métraux. Paris : Payot.

Maistre, C. (1895). *À travers l'Afrique centrale du Congo au Niger (1892-93)*. Paris : Hachette.

Mauss, M. (1968). *Essais de sociologie*. Paris : Edition de Minuit.

Mialaret, G. (1976). *Les sciences de l'éducation*. Paris : PUF.

Mouchet, J.J. (1938). Vocabulaires comparatifs de 15 parlers du Nord-Cameroun. *Journal de la société des africanistes*, vol. 8, 124-126.

Mungala, A. S. (1982). L'éducation traditionnelle en Afrique et ses valeurs fondamentales. *Éthiopiques, revue socialiste de culture négro-africaine*, numéro 29, 1-13.

Mvogo, D. (2002). *L'éducation aujourd'hui : quels enjeux ?*. Yaoundé : Presse de l'UCAC.

Nadji Gugumma, N. et al. (1983). *Paroles de sagesse des Mussey : Gounou-Gaya, Tchad : proverbes, expressions, dictons*. Sarh (Tchad) : Centre d'études linguistiques.

Ordonnance n° 01/PR/2003 portant création des Collectivités territoriales décentralisés du 8 septembre 2003.

Pageard, R. (1966). Contribution à l'étude de l'exogamie dans la société mossie traditionnelle. *Journal des Africanistes*,

Persée - Portail des revues scientifiques en SHS, vol. 36, n° 1.109140 (DOI 10.3406/jafr.1966.1406.

Panoff, M. et Perrin, M. (1974). « Le Vocabulaire de l'ethnologie », *Encyclopedie_universelle* [en ligne], consulté le 12/01/2023. URL : https://encyclopedie_universelle.fracademic.com/49365/indiff%

Pape Paul VI (1965). *Gravissimum Educationis.*

Paré-Kaboré, A. (2013). L'éducation traditionnelle et la vie communautaire en Afrique : repères et leçons d'expériences pour l'éducation au vivre-ensemble aujourd'hui. *Revue des sciences de l'éducation de McGILL,* 48 (1), 1-34.

Radcliffe-Brown, A. R. (1968). Structure et fonction dans la société primitive. Paris : Les Éditions de Minuit.

Reboul, O. (1987). *La Philosophie de l'éducation. « Que Sais-Je ? » (9ᵉ éd.).* Paris : PUF.

Reinach, S., « Exogamie », *Wikipédia* [en ligne], consulté le 05/11/22). URL : https://fr.wikipedia.org/wiki/.

Resweber, J.P. (1986). *Les pédagogies nouvelles.* Paris : PUF.

Seignobos, C. (1983). Des gens du poney, les Marba-Mussey. *Revue de Géographie du Cameroun,* 4(1), 12-14.

Snyders, G. (1973). *Pédagogie progressiste.* Paris : PUF.

Sourou, J.-B. -2009). *Comment être africain et chrétien ? Essai sur l'inculturation du mariage en Afrique.* Paris : L'Harmattan.

Tiendrebeogo Y. (1963). Histoire traditionnelle des Mossi de Ouagadougou. *Journal des Africanistes,* 33(1), 7-46.

Yvonne, K. (2012). *La Virginité féminine : Mythes, fantasmes, émancipation.* Paris : OJ.

Table des matières

www.ingramcontent.com/pod-product-compliance
Lightning Source LLC
Chambersburg PA
CBHW071030280326
41935CB00011B/1519